BIBLIOTHÈQUE DÉMOCRATIQUE

DIRECTEUR : M. VICTOR POUPIN

VICTOR SCHŒLCHER

LE
CRIME DE DÉCEMBRE
EN
PROVINCE

PARIS
LIBRAIRIE DE LA BIBLIOTHÈQUE DÉMOCRATIQUE
9, place des Victoires, 9

BIBLIOTHÈQUE DÉMOCRATIQUE

Directeur : M. VICTOR POUPIN

VICTOR SCHOELCHER

LE
CRIME DE DÉCEMBRE
EN
PROVINCE

PARIS

LIBRAIRIE DE LA BIBLIOTHÈQUE DÉMOCRATIQUE

9, place des Victoires, 9

30 centimes

40 CENTIMES RENDU FRANCO DANS TOUTE LA FRANCE

1re édition. — 1875

LE
CRIME DE DÉCEMBRE
EN PROVINCE

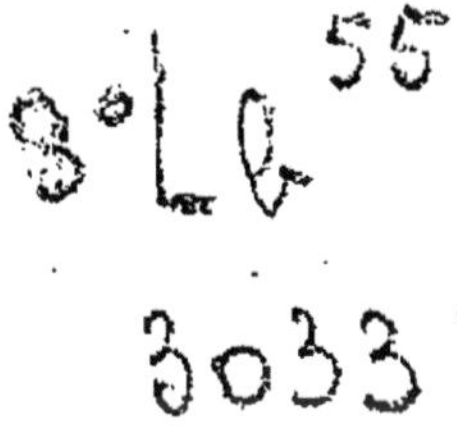

VICTOR SCHŒLCHER

Ce travail est la suite et le complément du 16ᵉ volume de notre collection.

Le premier récit concernait les massacres du Coup d'État à Paris; dans le second réquisitoire, Victor Schœlcher stigmatise le crime du Deux-Décembre en Province.

Ce livre est extrait d'un grand ouvrage de Schœlcher, *Le Gouvernement du Deux-Décembre*, publié à Londres en 1853 pendant l'exil de l'auteur, et plus tard réédité en 1871 par M. Le Chevalier, l'un de nos plus vaillants éditeurs.

Avec quelle émotion on lira ces lignes ! Dates, noms, chiffres, tout est irréfragable. Et quelle leçon à tirer de ces pages si poignantes !

Parjure, assassinats, proscriptions et confiscations, telle est donc la première

partie du drame. Louis-Bonaparte devient
Napoléon III! Alors un règne de dix-huit
années fait de servitude, de corruptions,
de hontes, aboutit à l'invasion, à la ruine,
au démembrement de la France.

« Nul, a dit Tacite, ne peut exercer par
des moyens honnêtes un pouvoir conquis
par le crime. »

Il y a des forfaits qu'il ne faut pas se
lasser de clouer au pileri. Personne ne
doit ignorer ni oublier comment « les sauveurs de la société » entendaient la
religion, la défense de la famille et le
respect de la propriété. Les freins mis à
la liberté deviennent autant de ressorts
pour les mauvaises passions.

Encore une fois, remercions Victor
Schœlcher d'avoir bien voulu disposer
avec le plus complet désintéressement, en
faveur de la *Bibliothèque démocratique*, de
cet ouvrage dans lequel l'écrivain et le
patriote ont si bien flétri les bourreaux
et glorifié les martyrs.

Victor POUPIN.

LE CRIME DE DÉCEMBRE

EN PROVINCE

CHAPITRE Iᵉʳ

LES ARRESTATIONS

Le système d'arrestations « sur une vaste échelle », comme à Paris, fut appliqué aux départements dans des proportions non moins effrayantes.

A aucune époque, dans aucun pays, la liberté individuelle ne fut plus méprisée. C'était le bon plaisir des rois *par la grâce de Dieu* renaissant *par la grâce de la trahison.*

Des milliers de citoyens ont été entassés dans les geôles sans autre pré-

texte que leurs opinions, et un tiers
au moins d'entre eux appartenaient
aux classes de la société regardées
comme offrant le plus de garanties à
l'ordre. Il suffisait d'avoir acquis à
titre de républicain la moindre noto-
riété dans sa ville, dans son village,
dans sa rue, pour être poursuivi, tra-
qué, emprisonné comme un malfaiteur.
On vit une véritable Révocation de
l'Edit de Nantes, au point de vue politique : poëtes, écrivains, artisans, fa-
bricants, avocats, magistrats, militaires, paysans, nul démocrate ne fut
épargné, comme nul protestant, à la
fin du dix-septième siècle.

Jamais les plus mauvaises passions
n'ont pu se satisfaire aussi largement.
Chaque homme sans cœur, qui avait
une rancune, s'est empressé de l'as-
souvir, en allant dénoncer son ennemi
démocrate. Un jardinier, nommé Monnier, avait donné à son chien le nom
de *Tony*, prénom de M. Rochette, sous-
préfet de Brioude. Monnier est arrêté
dans le courant de décembre, et après
trois mois et demi de prison préven-

tive, il est condamné par la commission mixte à dix années de surveillance de la haute police! — Le préfet
des Deux-Sèvres, M. Sainte-Croix,
avait quelque inimitié contre M. Méchain, membre du conseil municipal
de Niort. M. Sainte-Croix, à la faveur
du 2 décembre, fait arrêter M. Méchain,
et il le tient en cellule, au secret, pendant soixante-cinq jours, sans que M.
Méchain voie l'ombre d'un juge d'instruction; après quoi, on lui signifie
qu'il a quarante-huit heures pour prendre, à son choix, la route de Belgique
ou d'Angleterre. Ces vengeances per-
sonnelles marqueront les proscriptions
de décembre d'un stigmate particulièrement honteux. Hélas! les délateurs
de la Rome impériale ont été souvent
surpassés!

A Moulins, le préfet, M. Charnailles,
qui pratiquait le système Maupas et
Morny sur la plus vaste échelle, ras-
surait les parents en leur disant avec
une sorte de naïveté : « Ce n'est qu'une
mesure de précaution ! » A Villeneuve
(Lot-et-Garonne), où les arrestations,

pendant deux ou trois semaines, se
firent chaque jour par centaines, la
population tomba dans une sorte d'ac-
cablement, et les agents de la terreur
honnête et modérée en vinrent à cette
insolence d'arbitraire dont Tacite parle
dans ses *Annales*. M. Brondeau, l'ancien maire, que l'on avait recherché
activement les premiers jours, juge
bon de prendre le parti de se consti-
tuer. Il se présente à la prison ; on lui
répond avec tranquillité : « Elle est
toute pleine ; il est impossible d'y mettre une seule personne de plus. Reve-
nez demain ». Il se représente docile-
ment le lendemain, et il est condamné
comme les autres.

Le Toulonnais du 20 mars publie le
résultat suivant des décisions de la
commission mixte du Var : — « Cinq
» condamnés à Cayenne ; sept cent dix-
» huit à l'Algérie ; cent trente-quatre
» expulsés de France ; cent soixante-
» deux éloignés momentanément du
» territoire ; quatre cent soixante-onze
» internés ; cent quarante renvoyés en
» police correctionnelle ; cinq cent

» quatre-vingt-seize mis en surveil-
» lance ; vingt-cinq traduits devant le
» conseil de guerre ; six cent quatre-
» vingt-quatorze mis en liberté. Total,
» deux mille neuf cent quarante-cinq. »

Voilà donc, pour un seul département, deux mille neuf cent quarante-
cinq *accusés* et deux mille deux cent
cinquante et un *condamnés*. Encore on
ne doit voir là que le nombre de ceux
que l'on s'est donné la peine de juger ;
mais le chiffre des incarcérés a dû être
beaucoup plus considérable.

Pour les Basses-Alpes, les coupables
jugements de la commission mixte
n'ont pas porté sur moins « de mille
» neuf cent quatre-vingt-quatorze ci-
» toyens : douze traduits devant le
» conseil de guerre ; quarante et un con-
» damnés à Cayenne ; neuf cent cin-
» quante-trois condamnés à l'Algérie ;
» seize à l'expulsion ; soixante-neuf à
» l'internement ; trois cent quarante-
» six à la surveillance ; cinq cent cin-
» quante-sept mis en liberté. » (*Journal de Forcalquier*, 14 mars.)

En voyant le chiffre des prévenus *jugés* s'élever, pour les deux départements du Var et des Basses-Alpes, à quatre mille neuf cent trente-neuf, on ne peut s'empêcher de croire véridique ce qu'une lettre datée de Marseille, 15 janvier, disait à l'*Indépendance belge* :

« Il est maintenant des communes du
» Var et des Basses-Alpes où le nombre
» des *insurgés*, et par conséquent des
» incarcérés, est si considérable que
» les bras manquent pour les travaux
» des champs. La plupart de ces hom-
» mes appartenant à la *dernière classe*
» *des paysans, à la catégorie des terrassiers*
» que les propriétaires emploient pour
» les travaux les plus pénibles, il y a
» dans certains lieux impossibilité de
» les remplacer. Cela ne sera que mo-
» mentané sans doute, mais provisoi-
» rement beaucoup de travaux demeu-
» rent suspendus. On voit même dans
» certaines propriétés, *les olives restées*
» *sur l'arbre faute de bras pour les cueillir.*
» Si l'on ajoute à la cessation des gains
» que le paysan apportait à sa famille,
» les sacrifices de divers genres ré-

» sultant de l'emprisonnement, on sera
» effrayé du total de misères que l'*in-*
» *surrection traîne à sa suite,* alors sur-
» tout qu'elle s'est généralisée. Pour
» comble de disgrâce, les familles des
» fugitifs viennent d'être soumises au
» régime des garnisaires ; ainsi l'or-
» donne un arrêté du général Levail-
» lant, commandant l'état de siége
» dans le Var. Il est à croire que pa-
» reille mesure sera appliquée aux
» Basses-Alpes. »

On lit dans l'*Echo de Bédarieux :* « De-
» puis les événements de décembre et
» le procès qui y a fait suite, près de
» cinq cents hommes, habitants de
» l'endroit, en sont éloignés. Trois
» cents appelés comme témoins devant
» le conseil de guerre de Montpellier,
» et deux cents déjà condamnés ou en
» fuite ou sous procès. Beaucoup de
» fabriques se trouvent ainsi privées
» de commis ou de surveillants, et
» forcées de suspendre tout travail
» pendant plusieurs jours. »

La Drôme, au dire même du chef

militaire, voyait déjà, le 14 décembre, cinq cents chefs de famille arrachés à leurs femmes et à leurs enfants : « En » attendant ce grand effet moral, la jus- » tice du pays ne sera pas inactive, et » plus de cinq cents prévenus saisis » sur tous les points du département, » actuellement sous sa main, rendront » bientôt compte de leur conduite et » *des détestables projets qu'ils* VOULAIENT » *réaliser......*

« Valence, 14 décembre 1851. »

(*Rapport du général Lapène.* — *Moniteur*, 20 décembre 1851.)

On écrivait de Béziers, à la *Nation*, 17 février 1852 : « Les arrestations » opérées dans l'arrondissement de » Béziers jusqu'à ce jour s'élèvent à » près de quinze cents. » Quinze cents détenus pour un seul arrondissement ! Pourquoi pas, il y en a bien eu deux mille dans le seul arrondissement de Brignolles.

« L'insurrection du Gers a mis en

» mouvement dix mille individus envi-
» ron ; sur ces dix mille, plus ou moins
» compromis, sept cent soixante-dix
» ont été arrêtés en vertu de mandats
» de justice. » (*Journal du Lot-et-Garonne,*
17 avril 1852.)

Dans le département de l'Allier, où il n'y avait eu cependant d'événement sérieux qu'au Donjon et à la Palisse, on opéra plus de deux mille arresta-tions.

« Le nombre des détenus est d'envi-
» ron trois cents à Nevers, cinq cents
» à Glamecy, quatre cents à Cosne et
» cent cinquante à Château-Chinon.
» Ces derniers seront amenés et jugés
» au chef-lieu. On peut prévoir, dès
» aujourd'hui, que notre département
» fournira à la transportation, soit à
» Cayenne, soit en Afrique, un contin-
» gent *d'un millier d'individus au moins.*
» Ce chiffre énorme est destiné à s'ac-
» croître encore, par suite des arres-
» tations journalières de la justice. »
(*Journal de la Nièvre,* 24 février.)

Le département de Lot-et-Garonne a eu sept cent quatre-vingt-onze *condamnations* diverses, chiffre qui donne au moins quinze cents prévenus.

Le nombre des prévenus n'a pas été moindre certainement pour le petit département des Basses-Pyrénées, car il y eut près de neuf cents condamnations.

Par ces départements, jugez des autres, même de ceux qui ont été le moins bonapartisés. Calculez que la France renfermait quatre-vingt-six départements, et vous penserez qu'il n'y a bien certainement aucune exagération à dire que cent mille citoyens ont passé en prison de un à quatre et cinq mois ! Et ils étaient nécessairement des meilleurs, de ceux qui, par leurs antécédents d'honneur et d'énergie, pouvaient porter quelque ombrage à la conspiration des sabres ignorantins. Quand les méchants triomphent, ce sont les meilleurs qui ont à craindre.

CHAPITRE II

TRAITEMENTS INFLIGÉS AUX PRISONNIERS

Nous laissons à penser ce que tant de prévenus ont eu à souffrir, et de la cruauté des proconsuls d'un gouvernement capable de faire arrêter cent mille citoyens, et de l'encombrement forcé qu'un pareil nombre a dû produire au fond des cachots.

Nous trouvons, sur ce qui s'est passé entre autres parts à Moulins, des renseignements du plus douloureux intérêt, dans le manuscrit du citoyen Champgobert. Tout ce qu'on va lire est authentique ; car longtemps prisonnier lui-même à Moulins, notre honorable compagnon d'exil a vu ce qu'il raconte.

La Mal-Coiffée, vieille tour du château-fort des sires de Bourbon qui domine la ville, ne tarda pas à devenir trop petite pour les prisonniers. On en logea d'abord dans le grenier de la tour ; on réunit les condamnés de toute classe dans les cachots ; on transféra les femmes dans un ancien hôpital, appelé Saint-Gilles. Cela ne suffit pas encore ; il fallut faire de Saint-Gilles une nouvelle prison politique. L'hôpital Saint-Gilles était abandonné depuis longtemps ; la plupart des fenêtres étaient brisées, le salpêtre couvrait les murs ; ce séjour malsain semblait aux Elyséens encore trop beau pour des démocrates. Les détenus, au bout de quelques heures, y étaient pris d'accès de toux que le médecin constatait sans pouvoir rien faire pour les guérir.

A Moulins, comme partout, les bonapartistes s'ingénièrent à rendre la prison aussi tortionnaire que possible. On a tenu là, dans une seule chambre, « les dix chefs infâmes de la démagogie du département, » comme disait le *Messager de l'Allier,* ne les laissant sortir pour quoi que ce soit, avec un baquet non bouché, qu'ils étaient obligés d'aller vider eux-mêmes toutes les vingt-quatre heures. « Et pourtant, »

dit le citoyen Champgobert, « dans de
» telles conditions, si l'on nous permet-
» tait d'aller respirer une ou deux fois
» par semaine, de descendre sur le
» préau, ce n'était jamais pour plus
» d'un quart d'heure. » Les dix détenus
que l'on traitait ainsi étaient les citoyens Bruel, *riche marchand de fers ;* Dé-
sétiveaux, *le premier avoué de la ville ;* Du-
met, *son secrétaire ;* Mousset, *médecin ;*
Champgobert, *avocat, rédacteur en chef*
de la CONSTITUTION ; Luc Desages, *ré-*
dacteur en chef du TRAVAILLÈUR ; Gues-
ton, *propriétaire aisé ;* les deux frères
Pallard, *marchands ;* Marceau, *tailleur.*
Les vainqueurs avaient trouvé un
autre petit moyen de vexation. Ils
condamnaient au maigre, le vendredi,
les détenus auxquels ils voulaient bien
permettre de recevoir leur nourriture
du dehors et qui pouvaient se procurer
cet adoucissement. Par compensation,
il est vrai, lors du voyage de réclame
impériale, quelques évêques dispen-
sèrent de l'obligation du maigre les
villes par où M. Bonaparte passa, les
jours d'abstinence !

Les prévenus, enfermés dans le donjon, c'est-à-dire dans les combles que l'on avait préparés à la hâte pour les recevoir, couchaient sur la paille. Cela ne veut pas dire qu'ils avaient une paillasse, comme les voleurs et les faussaires condamnés à la réclusion ; cela doit se prendre à la lettre. Ce galetas était si froid que, malgré la présence de cent hommes qu'on y avait entassés, l'eau des cruches gela plus d'une fois. Pour se réchauffer un peu, les prisonniers étaient obligés de marcher les uns à la suite des autres autour de leur loge; mais ils ne pouvaient longtemps prolonger cet exercice, à cause de la poussière de paille que soulevait le piétinement! Pendant les longues nuits d'hiver, on ne leur donna jamais de lumière. La promenade était encore plus impitoyablement refusée au dònjon qu'aux autres chambrées. Quant au régime alimentaire, il était exclusivement végétal, sauf le dimanche, où il y avait une distribution de viande, mais jamais de vin. Ces hommes, qui n'avaient ni vin, ni viande, ni feu, ne recevaient chaque jour, pour se restaurer, qu'un pain noir et deux gamelles de soupe maigre glacée !

Dans un pareil milieu, la santé de beaucoup de détenus ne tarda pas à s'altérer. L'infirmerie ne contenait que six lits, et le préfet, M. Charnailles, ne voulut jamais l'augmenter. Le médecin en était réduit à ordonner invariablement une tisane d'orge et de réglisse ; mais le personnel de service manquant pour un tel surcroît de prisonniers, les bouteilles de grès où l'on mettait cette tisane restaient des trois, quatre et cinq heures dans la cour à attendre un gardien de bonne volonté, et il est advenu souvent que leur contenu était gelé lorsqu'elles parvenaient aux malades.

« Les détenus du donjon, » dit le citoyen Champgobert, « nous ont ra-
» conté qu'un d'entre eux mourut sans
» qu'ils pussent lui donner aucuns
» soins. Le bruit des coups frappés à
» la porte se perdait dans la longueur
» de l'escalier, et n'amenait aucun

» gardien. Le cadavre du malheureux
» démocrate resta toute la nuit sur la
» paille, à côté de ses compagnons de
» captivité. »

Avant d'aller plus loin, faisons encore remarquer que le plus grand
nombre des hommes auxquels on infligeait ces traitements inouïs avaient
été arrêtés et se trouvaient retenus en
prison uniquement parce qu'ils étaient
républicains, sans qu'on pût même
leur *reprocher* d'avoir pris part à un
acte de résistance. « Des volumes, »
dit M. Champgobert, « ne suffiraient
» pas à raconter les tortures dont on
» accabla les démocrates de province.
» Au fort d'Ivry, où je me suis ren
» contré avec des détenus de divers
» départements , j'ai entendu parler
» des prisons de Chartres, de Saint-
» Amand et de Clamecy, comme dignes
» d'être placées sur la même ligne que
» celle de Moulins (1). »

---

(1) Puisque nous parlons du régime des
prisons, disons un mot sur ce qui se passait dans les casemates des forts, celui de

A Niort et à Parthenay, les prisons ne pouvant contenir tous les prévenus, on voulut remplir de patriotes une geôle cellulaire qui n'était pas entièrement achevée, et dont les murs suintaient l'humidité. « Cela ne fait rien, » répondit le préfet terroriste, M. Sainte-Croix, aux représentations de la commission des prisons, « cela ne fait » rien ; *il y aura assez de prisonniers* » POUR SÉCHER LES MURS. »

A Clamecy, on commença par empiler, avec une inhumanité sans pareille, les prévenus arrêtés en masse. Ils étaient tellement pressés, *qu'ils ne pouvaient se coucher*. La prison, malgré

Bicêtre, par exemple, où tant de victimes attendirent l'heure de la transportation.

... Les prisonniers étaient jetés par groupes de cinquante à cent dans les casemates, longues voûtes sombres et froides, traversées par un double courant d'air. Cet air glacial provenait de trois meurtrières béantes, qui laissaient aussi pénétrer un jour douteux. Les détenus, afin de se préserver du froid, bouchaient ces ouvertures avec de la paille ; mais la plupart des sentinelles, pour obéir à la consigne d'a-

cela, n'étant pas assez grande pour les
contenir tous, on en jeta un certain
nombre dans les caves de la salle
d'asile, quoiqu'elles fussent inondées,
et ils y restèrent littéralement avec de
l'eau jusqu'à mi-jambes pendant plusieurs jours !

A Blaye, « tous nos proscrits étaient
placés dans un caveau situé au-dessous de l'eau des fossés et d'une humidité telle, qu'elle avait pourri le peu
de paille répandue sur le sol. En arrivant, ils restèrent vingt-quatre heures
entières, abandonnés, sans lumière,
sans nourriture, se tenant debout par
la main et s'encourageant à mourir.

---

voir constamment l'œil sur les « brigands »,
repoussaient impitoyablement ces bou-
chons de paille.

Il se passa long temps avant qu'on pût
obtenir, non pas des matelas, mais une
couverture par homme et un peu de
paille. Malgré l'intensité du froid, il fallut
aussi bien des démarches pour avoir un
petit poêle dans chaque casemate, à laquelle on allouait quatre bûchettes par
vingt-quatre heures. On avait quotidien-
nement de dix à quinze minutes de pro-

Presque tous ceux qui ont été à Blaye en sortirent perclus de rhumatismes. Les habitants de la ville, instruits de la situation des prisonniers, firent une souscription pour leur donner des sabots. »

Dans l'Yonne et le Loiret, « les républicains furent enchaînés et traînés en prison comme des misérables. A Joigny, où il n'y avait pas eu de mouvement, les geôles étant trop étroites, on mit environ deux cent cinquante des nôtres dans les écuries d'un quartier de cavalerie, trop petites pour garder cent personnes, et trop malsaines pour y loger des chevaux. Aussi,

menade dans un préau boueux. Hors de là, il n'était permis de sortir pour quoi que ce soit. Nous laissons à penser tout ce qu'un tel confinement entraînait de suites révoltantes. Et cependant, le citoyen Deville compta jusqu'à cent personnes dans sa casemate, longue de 20 mètres sur 6 de large !

Les captifs avaient un demi-pain de munition pour vingt-quatre heures ; trois fois la semaine, un peu de bouillon maigre le matin, avec douze ou quinze grammes

en peu de jours, *cinquante-quatre* détenus tombèrent-ils si malades, qu'il fallut les porter à l'hôpital. »

A Villeneuve (Lot-et-Garonne), « les prisonniers envoyés chaque jour à Eysses étaient *attachés* comme des voleurs, et on les faisait passer à travers les rues, devant leurs parents et leurs amis, escortés par des troupes nombreuses, fusils chargés et musique en tête ! »

Les constitutionnels du Var, du Lot, du Lot-et-Garonne, etc., étaient embarqués sur des bateaux à vapeur qui les menaient à Bordeaux, où ils étaient répartis entre le fort du Ha, les autres prisons de cette ville et la

---

de viande le soir ; les autres jours, la viande était remplacée par une portion de légumes secs.

Une foule de maladies furent déterminées chez les prisonniers par ces privations matérielles. Plusieurs fois ils s'en plaignirent ; mais le directeur répondait : « Nous ne pouvons mieux, nous ignorons qui vous êtes ; nous ne pouvons vous considérer comme détenus politiques, vous n'êtes pas jugés ! »

La position du plus grand nombre était

citadelle de Blaye. Chaque voyage donnait lieu pour les proscrits à de nouveaux tourments. Toujours *enchaînés* ou *attachés*, placés dans les conditions les plus dures, exposés au froid, sans qu'on eût de pitié même pour les femmes (il y avait des femmes !), nourris d'une manière dégoûtante, mêlés avec les criminels de toute espèce, ils voyaient les soldats charger les armes au départ, et ils entendaient certains officiers ordonner de faire feu à la moindre marque de désobéissance.

Dans le Var, on ne se contentait pas d'attacher les démocrates deux à deux, avec des cordes qui leur liaient les

cruellement pénible. Soit faute absolue de ressources, soit qu'ils ne voulussent pas priver leurs familles du peu qu'elles avaient, soit que les geôliers eussent gardé leurs lettres, plusieurs restèrent quinze et vingt jours sans changer de linge ! C'était une véritable dérision que de voir leur délivrer de loin en loin une de ces chemises de prisonniers que l'on ne refuse pas même aux condamnés dans les maisons de détention.

Impossible d'ailleurs de se procurer le

poignets ; on leur mettait, en outre, *une corde au cou*. Cette corde était *à nœud coulant*, de sorte qu'au moindre mouvement brusque d'un des deux hommes, ils pouvaient s'étrangler ! Ce que nous disons là nous a été déclaré par un de nos compagnons d'exil, M. V. Morin, cantonnier à Brignolles. Il fut ainsi transféré, avec soixante autres habitants de Brignolles, au fort Lamalgue, à Toulon, où il resta depuis le 13 décembre jusqu'au 21 avril. Ce jour-là, c'était un samedi, on le fait sortir, on lui donne un passeport à destination de l'Angleterre, et on lui dit : « Si vous n'êtes pas parti le samedi qui

---

moindre soulagement intellectuel ; l'amour de l'étude, les travaux commencés dont le démon vous agite, le besoin contracté de lire, devenaient des tourments ajoutés aux autres. Ceux mêmes qui auraient pu s'occuper, et oublier ainsi, n'en avaient pas les moyens. Un jeune chimiste, M. Blanche, se fait apporter le *Traité de Chimie* de Dumas : grande affaire, difficultés, pourparlers, négociations, et finalement refus de laisser pénétrer l'ouvrage de science ! A la prison de la rue du

vient, nous vous mènerons en Afrique. » Or, il n'avait pris aucune part active à la résistance ; il n'était pas même sorti de son village. Mais il était républicain, le crime était manifeste. C'est pourquoi on l'avait arrêté, conduit en prison la corde au poing *et au cou*, détenu pendant quatre grands mois au fond d'un cachot obscur, à seize marches au-dessous du sol, et envoyé en Angleterre, « où il n'y a pas » de soleil, disait-il, et où personne » ne vous comprend quand vous par- » lez. »

Nous voulons que personne ne puisse douter de la rigoureuse exactitude

---

Cherche-Midi, où M. Deville fut enfermé à son retour des pontons, il voulut commencer l'étude de l'anglais, dans la prévision qu'il lui faudrait chercher un asile en Angleterre. Il fait venir le *Vicaire de Wakefield*, ce livre classique de tout commençant. Cependant on ne le laissa pas entrer : c'est un roman ! De tout ce que vous aimiez, les bourreaux savaient faire une douleur.

A tant de causes de souffrances, il faut ajouter le contact de quelques mouchards,

de ce que nous avançons ; nous prendrons donc des preuves dans deux citations d'un journal ami du parjure.

« Ce matin, les individus arrêtés à
» la suite des derniers troubles et dé-
» tenus dans la prison d'Agen, ont été
» embarqués sur un bateau à vapeur,
» sous bonne escorte, et dirigés sur
» Bordeaux.

» La population agenaise a été vive-
» ment impressionnée à la vue des in-
» surgés défilant *enchaînés*, conduits
» par la troupe et la gendarmerie, *au*
» *milieu des cris et des pleurs de leurs*
» *femmes*. Triste mais *salutaire* leçon,

---

placés là pour révéler les projets d'évasion, les propos factieux, etc., etc., et
d'une douzaine d'escrocs que l'on avait
mêlés à nos amis, afin de pouvoir dire que
les républicains étaient des « repris de justice. »

La maladie, les cris même échappés à
la douleur physique, n'ébranlaient point
les persécuteurs. Le citoyen Tabouret, en
proie à des rhumatismes aigus, n'était pas
maître de contenir des gémissements qui
empêchaient ses voisins de dormir. On ne

» qui devrait faire réfléchir un peu
» les *incitateurs de guerre civile !*

» Au moment du départ, on a lu aux
» détenus *un ordre de voyage* qui pres-
» crivait DE PASSER PAR LES ARMES
» ceux qui tenteraient de se révolter
» ou de pousser leurs compagnons à
» la révolte. Cette lecture a produit
» une sensation profonde sur les pri-
» sonniers, et sur tous ceux qui l'ont
» entendue. » (*Journal de Lot-et-Garonne* du 16 décembre 1851.)

Le jour même où cette « leçon salutaire » défilait enchaînée à Agen au milieu des cris et des pleurs des femmes,
une autre leçon non moins salutaire

---

put obtenir son transférement à l'infirmerie. Le citoyen Desprez, chirurgien en
chef de Bicêtre, et ses honorables élèves,
prodiguèrent des soins touchants à ces
malades, étendus tout habillés sur un matelas; mais ils ne pouvaient rien de plus :
une autorité supérieure les dominait. Un
des compagnons de casemate du citoyen
Deville, pauvre jeune homme atteint
d'une balle qui lui avait traversé la cuisse
gauche, avait été obligé par les conqué-
rants *d'aller à pied* de Paris au fort de

défilait à Bordeaux dans les mêmes conditions. C'est encore le *Journal de Lot-et-Garonne* (17 décembre) qui nous l'apprend, en insérant la lettre suivante :

« Bordeaux, le 16 décembre 1851.

» Déjà M. le chef d'escadron de la
» gendarmerie s'était rendu à la Grave,
» lieu de débarquement des prisonniers,
» avec une escorte nombreuse. A cinq
» heures et demie, ces prisonniers, au
» nombre de trente-cinq, ont mis pied
» à terre. Ils ont été attachés deux à
» deux avec une chaînette fermant à
» cadenas. A droite et à gauche était

Vanves, et, quelques heures après, *encore à pied*, de ce dernier fort à celui de Bicêtre.

On s'étonnera sans doute de trouver un blessé dans ces casemates ; il y en avait cependant plus d'un, presque tous, il est vrai, atteints d'une manière légère, mais qui auraient dû néanmoins être envoyés dans les hôpitaux, si les moindres règles de l'humanité n'avaient été oubliées.

L'humanité ! comment en attendre des terroristes de Décembre ? « Vers le 20 dé-

» un gendarme, *la carabine chargée* ; de
» chaque côté était également un cor-
» don de troupes de ligne. »

Si le *Journal de Lot et-Garonne*, dé-
voué corps et âme au crime de décembre, rapporte ce fait, ce n'est pas pour
le blâmer, mais pour montrer la vigueur dont le gouvernement a usé envers les *ennemis de la société*. Il est donc
avéré que les amis de l'ordre, ces
grands adversaires de toute violence,
*attachaient deux à deux, avec des chaî-
nettes fermant à cadenas,* même un petit
nombre de trente-cinq prisonniers, déjà entourés d'une escorte nombreuse,
la carabine chargée !

» cembre, dit M. H. Magen dans les *Mys-
» tères du Deux-Décembre*, il se commit à
» Bicêtre un acte de férocité prétorienne
» dont je fus le témoin. Devant nos case-
» mates, on avait formé des promenoirs
» avec des planches palissadées ; à travers
» les interstices, on regardait manœuvrer
» les soldats sur l'esplanade. Un détenu de
» la casemate n° 4 passa nonchalamment
» sa main au dehors de la palissade, afin
» de mieux voir. Le factionnaire, sans doute
» ivre, qui longeait la barrière extérieure,

Il ne suffisait pas, pour l'exemple, de lier les bons citoyens avec des chaînes cadenassées, les sauveurs de la civilisation, lorsqu'ils revenaient de la chasse aux proscrits, ramenaient les plus notables *la corde au cou !* Nous voyons notre lecteur s'agiter. Il doute, son cœur et son esprit se refusent à nous croire ; qu'il lise l'historiographe de l'Élysée : « Un mouvement général
» de troupes fouilla tout le départe-
» ment de la Nièvre ; l'infanterie et la
» cavalerie explorèrent tous les vil-
» lages ayant pris part à l'insurrec-
» tion, et opérèrent de nombreuses
» arrestations ; *plusieurs maires,* entre

» après avoir adressé, à voix si basse qu'il
» ne put être entendu, l'ordre au prison-
» nier de se retirer, se précipite, le fusil
» en avant, et cloue, avec la baïonnette,
» à la planche qui se rougit de sang, la
» main de notre pauvre camarade. M. Lé-
» veillé, directeur de la prison, fut mandé
» pour recevoir la déclaration de cette
» barbarie. Il répondit, avec un sentiment
» de regret, qu'il ne pouvait rien, que son
» autorité était nulle et entièrement sou-
» mise à l'autorité militaire ! »

» autres ceux de Billy et de Fousseaux,
» *furent ramenés* LA CORDE AU COU, à la
» tête des *insurgés* de leurs villages. »
(*Histoire du 2 décembre*, par Mayer,
page 231.)

Dans plusieurs prisons, les détenus
politiques étaient retenus aux fers. Lors
du procès de Galerne, commissaire de
police essentiellement bonapartiste,
condamné à dix ans de réclusion pour
avoir vendu, à prix d'or, la mise en liberté des gens qu'il arrêtait, un témoin, M. Colly, négociant, vint déposer, à l'audience du 23 août, « qu'étant
» au fort Saint-Nicolas, à Marseille, il
» obtint de Galerne qu'on ne le met-
» trait pas aux fers ! »

Si contraire à l'humanité que fût le
régime des prisons, le nombre des captifs était si grand que leur détention
coûtait fort cher. Le budget des prisons de chaque département n'y a pas
suffi ; il a fallu l'augmenter, et comme
si l'arbitraire était de droit général,
on a porté ces dépenses aux dépenses
générales. Pour justifier une pareille

affectation, — de quoi n'étaient pas capables les financiers décembristes ! — ils ont poussé l'impudeur jusqu'à dire que ces arrestations se rattachaient à *un complot contre la sûreté de l'Etat !* Ce nouveau trait de génie du cynisme Elyséen est écrit au *Bulletin des Lois*, à la date du 27 mars 1852 :

« Vu la loi du 10 mai 1838, qui classe les dépenses ordinaires des prisons départementales parmi celles qui doivent être inscrites aux budgets départementaux ;

» Considérant que tel n'est pas le caractère des dépenses occasionnées par les arrestations qui ont eu lieu à la suite des événements de décembre ;

» Considérant que les faits en raison desquels ces arrestations se sont multipliées, se rattachaient à un *complot contre la sûreté de l'Etat,* dont la répression importait à la société tout entière, et que dès lors il est juste de faire acquitter par le trésor public l'excédant de dépenses qui est résulté de l'*accrois-*

sement extraordinaire de la population des prisons, décrète :

» Il est ouvert au ministère de l'intérieur, sur les fonds de l'exercice 1851, un crédit extraordinaire de 250,000 francs, applicable au payement des dépenses résultant des arrestations opérées à la suite des événements de décembre. »

Deux cent cinquante mille francs de dépenses supplémentaires de prison en quatre-vingt-cinq jours. Comme le mal coûte cher à fonder ! On disait sous Louis-Philippe : la France est assez riche pour payer sa gloire ! On a pu dire depuis qu'elle était assez riche pour payer les peurs et les haines napoléoniennes.

Avant de finir ce paragraphe des premières vengeances du gouvernement des décembriseurs, il nous reste à parler de deux épisodes passés dans des villages de la Nièvre et du Puy-de-Dôme. Les bonapartistes ont eu toutes sortes de procédés d'arrestations : en province comme à Paris, c'est « de la terreur en grand » qu'ils ont voulu faire et qu'ils ont faite ; il faut en garder le souvenir à l'histoire. La restauration impériale de 1852 n'a eu rien de moins hideux que la restauration royale de 1815 ; il faut qu'on le sache.

Une forte colonne fondit sur Entrains le mardi 9 décembre. Dès le lendemain, on fit, par une sorte de proclamation, sommation de se rendre immédiatement chez le curé, par devant le capitaine Sageou, à tout homme *coupable* d'avoir fait partie *de la bande* qui avait marché d'Entrains vers Clamecy, dans la nuit du 5 au 6. Quiconque ne viendrait pas se livrer était promis à la fusillade. Le jeudi 11, commencèrent des visites domiciliaires. Les bonapartiseurs, pour épouvanter davantage, n'attendaient pas qu'on vînt leur ouvrir ; ils enfonçaient portes et fenêtres à coups de crosse de mousqueton. Le pistolet au poing, le sabre nu, insensibles aux cris des enfants, aux pleurs des femmes, ils fouillaient partout, jusque dans les paillasses et les matelas. Ne respectant pas plus la propriété que la liberté, ils emportèrent les livres et les brochures à leur convenance, aussi bien que toute espèce d'armes. Le citoyen Brière, cafetier, que l'on recherchait particulièrement, n'ayant pas été trouvé chez lui, ils ne se bornèrent point à enfoncer la porte d'entrée, ils fracassèrent toutes les portes intérieures, dont presque aucune cependant ne fermait à clé ; en peu d'instants, la maison eut l'air d'avoir été mise au pillage. Ce jour-là, ils arrêtèrent les citoyens Conneau et Adrien Roux, avec trois femmes : mesdames Fouché, Copinot et Guibert, celle-ci âgée de soixante ans !

Le vendredi 12, les envahisseurs ordonnèrent, par annonce du tambour de ville, à tout *inculpé* d'avoir à se rendre sur la place de la Mairie. Le village était cerné, les dévastations de la veille, les arrestations de femmes, avaient répandu la terreur ; beaucoup de *coupables* furent d'eux-mêmes sur la place, où on les mettait au centre de la compagnie de chasseurs qui devait les mener à Clamecy. Le jeune Hippolyte Guibert *fut arraché mourant de son lit* et jeté sur une charrette avec force injures et brutalités ; on entraînait en même temps son frère aîné et son père âgé de soixante et un ans ; la mère avait été prise la veille ; si bien que, de toute cette famille, les défenseurs de la famille ne laissèrent libre que la fille de la maison ! Au moment du départ, le brave capitaine Sageou fit à ses soldats une allocution terminée en ces termes : « Traitez-les sans pitié ; » soyez plus cruels avec eux que si » vous étiez avec des Cosaques ! » Les policiers de l'escorte furent, en effet, sans pitié : ils refusèrent un peu d'eau au jeune malade qui mourait de froid et de fièvre sur la charrette ; à Billy, sur la route, ils repoussèrent une vingtaine de braves gens qui s'approchaient des prisonniers, leurs amis ; une femme, madame Boutron, qui avait voulu donner des sabots à son mari, pris à Entrains, fut éloignée avec tant de violence, qu'elle alla rouler dans un fossé. Arrivées à Clamecy, les soixante-

seize personnes qui composaient cette
razzia se virent enfermées dans la
prison de ville, où elles restèrent
trente-six heures avant qu'on songeât
à leur donner à manger...

On va voir maintenant ce qui eut
lieu à Beaumont (Puy-de-Dôme), d'a-
près le récit du citoyen Maradeix, ancien maire de ce village, homme plein
de courage et de résolution.

« Le 6 décembre, avant le jour, des
détachements composés de cavalerie,
gendarmerie et policiers, se transportent à Aubières et Beaumont par des
chemins détournés et envahissent les
maisons de Cougoul, ancien commandant de la garde nationale dissoute, et
de Vergue, membre le plus influent du
conseil municipal d'Aubières, et celle
de Maradeix, à Beaumont. Ils arrivent
partout quelques instants trop tard.
De fréquentes visites de police avec
gendarmes et soldats continuent dans
ces localités jusqu'au 20 décembre,
toujours sans résultats.

» Le 20 décembre, les deux villages sont sillonnés par de nombreux détachements de cavalerie, et les salles d'élection gardées par deux gendarmes. A Beaumont, Maradeix, qui avait engagé ses concitoyens à protester par leurs votes, voulut leur prêcher d'exemple ; il annonça qu'il irait voter. A l'instigation des réactionnaires qui composent le bureau, on exerce la plus grande surveillance. Les gendarmes, sur un avis qu'ils pouvaient le prendre ailleurs, sont attirés dehors. Il entre ; les membres du bureau, stupéfaits, inscrivent son nom et le laissent voter sans pousser un seul mot. Tous les yeux sont baissés ; pas même un regard provocateur ; il sort.

» A dater de ce jour, ce fut à son égard quelque chose qui n'a pas de nom dans notre langue. Sa maison est à plusieurs reprises envahie par la force armée ; chaque fois des soldats sont postés aux issues, avec cette consigne : « Si vous voyez quelqu'un s'en-» fuir, *tirez dessus*. » Ses papiers de famille sont pollués par les policiers, qui emportent des pièces étrangères à la politique. Tantôt on monte sur son toit, sous prétexte de visiter les cheminées, et on détériore toute la toiture. Tantôt on fouille la terre de sa cave, de son cuvage et de son jardin, pour y trouver des armes ou des munitions. Une autre fois, un officier du 18e de ligne veut faire démolir par des maçons les piliers qui supportent les voûtes, pour y trouver les preuves d'un complot. On dépeuple sa basse-cour au profit des policiers. Sous prétexte qu'il peut être caché dans l'épaisseur des plafonds, on enlève des planches dans chaque pièce, ou bien les briques de l'intérieur des cheminées. On brise ses meubles ; enfin, à chaque visite, c'est un sac nouveau. Un jour, pour empêcher, disent-ils, que sa femme ne puisse lui porter des vivres, ils la gardent à vue dans la maison, qu'ils occupent militairement.

» En janvier, les recherches à Beaumont ne se faisaient plus seulement chez Maradeix, on allait encore chez ses amis ou dans telles maisons des

villages environnants, dont on *enfon-*
çait les portes si elles ne s'ouvraient pas
au premier appel.

« Toutes ces mesures étant restées
infructueuses, on imagina de faire opé-
rer les arrestations par les gardes
champêtres, et on promit 300 francs à
celui qui prendrait ou ferait prendre
Maradeix. La même somme fut pro-
mise aux gardes champêtres et can-
tonniers de plusieurs villages environnants. Six de ces hommes et un agent
vêtu en paysan se transportèrent, le
19 janvier, chez le nommé Siaume-
Dourdouille, à Beaumont. Il était au lit
depuis une dizaine de jours; malgré
tout, *ces hommes l'obligent à se lever*. Il
pouvait à peine se tenir debout; ils
l'entraînent. Quelques femmes, parmi
lesquelles madame Luquet, femme du
dernier maire, essayèrent d'engager
ces forcenés à ne pas emmener un
malheureux dans un pareil état. Les
noms de ces dames furent pris : nous
les retrouverons bientôt sur les bancs
de la correctionnelle. Siaume fut en-
traîné à Clermont. Sa femme crut de-

voir l'accompagner, vu son état de souffrance. Lorsqu'elle est près de la prison, on s'empare d'elle, et on l'y jette en même temps que son mari, sous le prétexte qu'elle avait insulté les gardes lorsqu'ils étaient chez elle ! Le soir, leur jeune enfant cherchait vainement des parents. Madame Siaume dut faire trente-deux jours de prison avant de lui être rendue, et Siaume partit pour Lambessa !

« Dans la nuit du 15 au 16 février, la police est prévenue que Maradeix doit être chez Luquet, son ami. Aussitôt tous les policiers et gendarmes de Clermont, escortés par un bataillon d'infanterie, se transportent à Beaumont, où ils arrivent autour de minuit, et cernent immédiatement le pâté de maisons dans lequel se trouvait l'habitation de Luquet, en ayant soin de remplir en même temps de soldats les différentes cours qui s'y trouvaient. Les uns frappent aussitôt à la porte de Luquet, en proférant des menaces pour se faire ouvrir, tandis que d'autres franchissent, au moyen d'échelles, le mur élevé de son jardin et pénètrent dans sa maison par une porte de derrière. Luquet eut à peine le temps de se jeter à demi vêtu dans une ruelle très-profonde, où il resta jusqu'au jour. *Plusieurs coups de fusil furent tirés au hasard dans ce vide ;* heureusement il ne fut pas atteint. Sa maison fut bouleversée dans tous les sens. Sa fille ainée s'étant trouvée mal, au point de donner à craindre pour sa vie, les gens de police répondirent à sa mère et à sa sœur éplorées, qui voulaient sortir pour faire appeler un médecin : « On ne sort pas ; *si elle meurt, on l'enterrera bien.* »

« Pendant que cela se passait chez Luquet, Maradeix, qui se trouvait dans sa propre grange, laquelle est voisine, s'apercevant que les rues et sa cour étaient remplies de soldats qui pénétraient partout, voulut tenter de trouver une issue en montant sur les toits et allant de l'un à l'autre descendre à une grande distance. A peine sa silhouette fut-elle aperçue dans l'obscurité, qu'un des soldats qui étaient dans sa cour s'écria : « Le voilà qui se sauve ! Feu dessus ! » Aussitôt *une vive fusillade le poursuit* jusqu'à ce qu'il ait franchi un espace d'environ quatre-vingts mètres, qu'avait la seule rangée de toits qu'il pût parcourir et qui se trouvait entièrement démasquée. Il n'est pas blessé. Il regarde du haut des toits dans les rues voisines, elles sont pleines de soldats ; il parvient à descendre, de toits en toits, sur des tas de pierres, dans un vacant qui formait l'angle du quartier, mais où il n'y avait pas de soldats, parceque c'était plein d'eau et de pierres. Arrivé à l'entrée, il reconnaît qu'il n'a de chance qu'en traversant les groupes de soldats qui sont entre lui et la rue voisine, où il peut trouver une issue ; il s'élance vers cette rue à tout événement. Le premier soldat qui l'aperçoit s'écrie : « Feu dans la rue ! » *Une nombreuse décharge est faite sur lui presque à bout portant.* Il échappe. Comme il tournait dans une autre rue, il est assailli *par une autre décharge* qui lui fait sauter le mortier des murs voisins dans la figure.

« Au point du jour, tandis que mouchards et gendarmes buvaient son eau-de-vie dans sa maison, Luquet put passer dans sa cave qui avait déjà été fouillée ; mais les agents eurent l'idée de chercher de nouveau dans la cave, et il eut le pantalon et un sabot percés par un coup de pointe d'épée, tout cela sans être aperçu.

« Le jeudi suivant, 24 février, avait lieu en correctionnelle le jugement de Madame Siaume, détenue avec son mari et Mesdames Luquet, Lavery et Siaume Martin. Sur la déposition des gardes champêtres, elles sont condamnées à dix-huit jours de prison, seize francs d'amende et dépens.

« Encouragés par ce résultat, les mêmes gardes, armés de fusils, rentrent tout à coup, sur le soir, dans Beaumont, et se mettent à la poursuite de Lavery (Amable) ; il fit une résistance passive, ce qui donna à quelques habitants le temps de se réunir autour. Alors, sans que les gardes fussent le moins du monde maltraités, il leur devint impossible d'emmener leur homme, qui put se retirer de leurs mains. Furieux, ils remarquent ceux qui sont présents. En allant faire leur rapport, ils trouvent sur leur chemin une jeune fille de dix-huit à vingt ans, Mariette Veray, et deux garçons de douze à quinze ans, ils les arrêtent et les conduisent en prison, où ils firent une longue prévention avant leur jugement correctionnel.

« Une expédition d'une nouvelle espèce est projetée pour la nuit suivante, 25 février. Mais, ô fatalité ! dans les rangs de ceux qu'ils prétendent transformer en bourreaux se trouvent des démocrates sincères. A minuit, par une affreuse tourmente de neige, deux soldats du 18e de ligne arrivent à Beaumont, frappent à la porte d'un habitant, et lui disent : « Nous ignorons si vous êtes l'ami ou l'ennemi de M. Maradeix. Nous venons vous dire d'aller chez lui ou chez ses amis, le faire prévenir que le village sera cerné à trois heures du matin. Maintenant, nous vous prévenons que votre vie nous répondra de la commission. » Sans qu'il fût républicain, l'homme auquel ils s'étaient adressés était un brave homme ; lui et sa femme firent aussi-tôt la commission donnée.

« Le matin du 26 février, avant le jour, le village entier de Beaumont était cerné par la troupe qui avait ordre de *tirer* sur toute personne qui tenterait de s'enfuir. Des soldats étaient placés de deux en deux pas dans toutes les rues. On fit publier à son de tam-bour que tout individu qui sortirait de chez lui, même pour aller chez son voisin, serait arrêté. Le procureur de la République de Clermont, M. Burin Desroziers, en venant lui-même diriger cette expédition, avait dit à ceux qui l'avaient inutilement précédé : « Je vais vous apprendre comment on déterre le gibier. » Il fait commencer une fouille générale sur plusieurs points à la fois et sous la direction : ici, du maire ; là, de l'adjoint ; ailleurs, du garde ou du tambour, et aussitôt qu'il convenait à l'un de ces ordonna-teurs d'arrestations de s'assurer de quelqu'un, on l'emmenait à la mairie.

« Environ quatre-vingts personnes,
des deux sexes et de tout âge, furent en-
voyées à la mairie. Leur crime à toutes,
c'était leur opinion républicaine,
mais il n'y avait pas un de ceux que
l'on voulait. On ne pouvait emmener
tout ce monde ; cependant, rentrer en
ville, en plein jour et sans capture,
serait honteux pour le procureur. On
fait donc un triage selon le bon vouloir du maire et de l'adjoint : vingt-
cinq personnes sont retenues, parmi
lesquelles des membres du conseil
dissous, des hommes de soixante et
plusieurs années, arrêtés uniquement
parce que leurs fils étaient absents, et
cinq femmes, dont une de 65 ans.

« Sur un renseignement qui lui fut
donné, le même procureur repart un
mois après avec le même appareil, et
encore par un temps de neige. Il fait
entourer, avant le jour, le hameau de
Teix, à quatorze kilomètres de Clermont. Là aussi, une fouille générale
a lieu ; même déboire. Le procureur entre dans une étable où la petite
Maradeix, agée de cinq ans et demi,

se trouvait avec sa nourrice. Entouré de gendarmes, il menace cette enfant de la prendre, si elle ne parle pas. L'enfant, impatientée, lui fait monter le rouge au front par ses réponses. Il change alors de tactique; il lui montre de l'argent, et ensuite des bonbons qu'il lui donnera, si elle lui dit où est son père !

« Immédiatement après, eut lieu le procès de ceux qui avaient empêché l'arrestation de Lavery, et par suite duquel deux démocrates ont fait six mois de prison chacun. Une femme étrangère à cette affaire, mais qui avait eu dans le temps des contestations avec le tambour, se trouve impliquée dans le procès, et condamnée à trois mois. La petite Mariette Veray, dont le crime était, comme nous l'avons dit, de s'être trouvée sur leur passage, quand ils s'en revenaient sans rien, avait été relâchée. Elle fut reprise le lendemain par la gendarmerie, pour continuer sa prévention jusqu'au procès, fut condamnée à dix jours, et un des garçons à 6 jours de la même peine. »

CHAPITRE III

QUELQUES TRAITS PARTICULIERS.

Le précédent récit montre ce qu'a été la Terreur bonapartiste portée jusqu'au fond des provinces, et à quelles sauvages violences les villages même ont été livrés. Comptez, après cela, ce que représente de douleurs particulières, de privations, de ruines, de misère, de désespoir, cette suppression de cent mille citoyens, les plus actifs, les plus virils de la France, arrachés à leurs maisons et à leurs affaires ! Calculez sur combien de têtes ont dû se répercuter les coups portés à tant de chefs de famille. Que de foyers éteints, que de métiers arrêtés, que de charrues inactives, que d'études désertes, que de clientèles perdues ; que de familles appauvries, affamées, faute de l'argent que le travail du père et du fils y apportait !

C'est la *Patrie* du 20 décembre qui contient la nouvelle suivante : « M. » Angot, *percepteur* à Montenay, » (Mayenne), qui avait été arrêté » *comme prévenu d'opinions démocratiques,* » S'EST SUICIDÉ dans la prison de Laval, » Nous étions en République, c'était « *pour maintenir la République* » qu'on avait fait le coup d'Etat, et l'un des organes privilégiés du gouvernement annonçait qu'un citoyen, un fonctionnaire était arrêté « comme prévenu d'opinions démocratiques ! » Ensuite, tuez-vous en voyant votre carrière brisée, le journal des sauveurs de la société l'annoncera comme l'accident le plus vulgaire ! Pourquoi aviez-vous des opinions démocratiques sous un président qui avait juré fidélité à la République démocratique !

M. Muller était médecin à Ingviller (Bas-Rhin) ; il professait, il est vrai, des opinions radicales, mais, au fond d'une petite ville calme et retirée, il n'avait jamais figuré dans aucune affaire politique. Il n'avait fait acte de républicanisme qu'en acceptant

d'être dans son arrondissement le correspondant de la *Réforme*, de ce journal qui traversa tont le règne de Louis-
Philippe sans encourir un seul procès,
malgré l'énergie de son opposition.

Le 2 décembre éclate. M. Muller n'a
pas occasion de prendre part à la
moindre manifestation ; cependant on
fait une descente chez lui ! Le juge de
paix n'y trouve rien de *grave* que les
portraits de Luther, de Jean Huss et de
Ledru-Rollin, mais il ne juge pas qu'il
y ait lieu de poursuivre. Le préfet du
Bas-Rhin ne pense point de même ; il
ordonne l'arrestation ! Le juge de paix
revient avec des gendarmes et un mandat d'amener. M. Muller était heureusement à voir ses malades dans la ville
et les environs. Ses amis le prévien-
nent ; il ne rentre pas. L'autorité judiciaire *saisit les trois portraits*, fouille
dans tous les papiers, où elle ne trouve
pas un chiffon à incriminer, et s'éloi-
gne. Vingt-quatre heures après, M.
Muller passe la frontière. Une des
fameuses commissions mixtes se ras-
semble ; elle examine son dossier ! elle

y voit que le docteur Muller est républicain ; qu'il a été le correspondant de la *Réforme ;* qu'il était commandant de la garde nationale d'Ingviller ; qu'il a les portraits de Luther, de Jean Huss et de Ledru-Rollin chez lui. Il ne lui en faut pas davantage pour reconnaître que c'est un démagogue, et elle le *condamne* à Lambessa !

Quand la ville et les environs apprennent une telle décision, ils sont stupéfaits, et une pétition signée de douze à quinze cents personnes de toutes classes est adressée au *Président* pour qu'il leur rende leur excellent médecin. Certes, des gens qui reconnaissaient M. Bonaparte pour quelque chose, qui lui adressaient une pétition, n'étaient pas suspects. Que fait répondre *Son Altesse Impériale* le prince clément? Qu'il ne tient qu'à M. Muller de rentrer dans ses foyers ; qu'il lui suffit de donner son adhésion à la pétition, en promettant de ne plus s'occuper de politique ! M. Muller fut aussi touché de la démarche de ses concitoyens qu'indigné de se voir demander une lâcheté ; il préféra la proscription et la ruine !

M. Porcheret était un forgeron mécanicien de Beaune ; sa parfaite réputation et ses opinions démocratiques seules le désignèrent aux coups des Vandales modernes. Son histoire, il nous l'a écrite lui-même, et la voici dans toute sa mâle naïveté.

« Le 7 décembre 1851, à cinq heures et demie du matin, j'entends frapper légèrement à ma porte ; je saute à ma fenêtre, et je vois le chapeau des gendarmes blottis autour de ma maison. Ma femme se met à pleurer ; mes quatre enfants s'éveillent et pleurent aussi. Par une idée subite que m'inspire l'horreur de la prison cellulaire, j'enjambe la fenêtre, et je saute du premier ; mais mon pied porte à faux et je tombe. Les gendarmes accourent en poussant des cris féroces. J'avais beau leur dire : « Ne vous pressez pas ; j'ai une entorse ; je ne puis marcher, » ils se précipitent sur moi, me relèvent : « Allons, marchez. — Je ne puis pas, » dis-je, en essayant en vain. Ils veulent

me forcer, je me laisse tomber. Ils me
retiennent par les bras, et me traînent
quelques pas avec tant de violence,
que je suis obligé de me plaindre. Ma
femme et mes enfants regardaient de
la fenêtre ce triste spectacle! Je demande un brancard aux gendarmes;
ils ne m'écoutent pas, et me prenant
par les quatre membres, ils m'ont
ainsi porté jusqu'à la prison. Je faisais
des cris perçants, tant la douleur était
insurmontable. Nous sommes passés
devant la porte de l'hôpital; mais ils
ont refusé de m'y conduire, et m'ont
impitoyablement déposé dans la chambre commune de la prison, avec les
voleurs. Ils m'avaient jeté sur un banc
de bois; je sentais une sueur froide, et
mes forces m'abandonnaient. Je de-
mandai au gardien un peu de vinaigre
et un seau d'eau froide pour mettre
ma jambe. Il me répondit brutalement : « Il n'y en a pas, » et ferma la
porte. Un de mes compagnons de
chambre, éveillé par mes plaintes, vint
à moi, et m'apporta un gobelet plein
d'eau, que je bus avidement. Au jour,

je vis une quinzaine d'individus cou-
chés çà et là sur la paille. Comme il
faisait très-froid, ils ont mis sur mes
épaules une couverture en laine, que
je regardais avec répugnance. Je n'a-
vais pour tout vêtement que mon pantalon, mon bonnet de nuit, et j'étais
les pieds nus dans mes souliers. Au
bout de deux heures, un médecin est
venu, et a ordonné des sangsues et
des cataplasmes. Il est revenu deux
fois, et ensuite je ne l'ai plus revu. Je
suis resté vingt jours dans cette chambre, grelottant de froid et de fièvre,
près du mur, qui suintait une eau glacée, et rongé de poux.

« Ils m'ont ensuite transporté dans
une cellule. Je ne pouvais embrasser
mes enfants que tous les huit jours!
Ma captivité a duré cent jours. Pendant ce temps, j'ai paru plusieurs fois
devant le juge d'instruction, qui m'a-
vait fait de grandes menaces, si je ne
dénonçais pas mes amis. Enfin, on m'a
mené dans une salle où j'ai retrouvé
beaucoup de mes amis; on nous a
conduits devant M. Labatut, le sous-

préfet, qui nous a annoncé que nous étions libres ; mais que nous devions, par décision de la commission mixte, quitter la France sous les huit jours. Sa voix s'est émue, et il a été obligé de sortir. Le commissaire de police nous a donné nos passeports en règle, et les portes de la prison se sont ouvertes. Je marchais, appuyé sur ma béquille, et sur un ami, qui me donnait le bras. En entrant dans le faubourg Bretonnière, où je suis né, une foule de femmes et d'enfants sont venus au devant de moi ; c'était à qui pourrait m'embrasser ; on aurait dit qu'il y avait dix ans qu'ils ne m'avaient pas vu. Et aussitôt la nuit, j'ai eu la visite de mes voisins et amis ; ils n'avaient pas osé venir le jour dans la crainte de se compromettre. La terreur était si grande que personne n'osait faire de souscriptions pour moi. Cependant tous nos voisins n'ont laissé manquer de rien ma femme et mes enfants pendant ma prévention. Des personnes influentes ont essayé inutilement d'obtenir du sous-préfet un délai motivé

par l'état de ma jambe. Elles m'ont
décidé à me présenter moi-même, malgré ma répugnance; mais j'ai été très-
mal reçu, et comme je lui disais que
je n'avais pas d'argent pour prendre la
voiture, et que je ne pourrais pas partir : « Eh bien! a-t-il répondu, on vous
conduira en Afrique de brigade en brigade, aux frais de l'État. » La veille de
mon départ, toute la nuit j'ai eu des
visites, non-seulement des républicains, mais des hommes de diverses
opinions, qui étaient venus me serrer
la main, et me témoigner leur bon
cœur. Ils me disaient d'avoir du courage, de ne pas me chagriner; que
mes enfants et ma femme n'auraient
pas faim. Je dis à un de mes amis de
me faire ma malle; il la fit en l'arro-
sant de ses larmes. Enfin il fallut partir; ce fut un moment de douleur
amère pour moi, quand je dus quitter
ma bonne femme, mes quatre enfants,
dont le dernier, mon petit Joseph, était
alors malade; mon pauvre atelier
abandonné, que j'avais monté à la
sueur de mon front, et ces outils que

j'avais si souvent maniés, en chantant, pour nourrir ma famille. »

Faisons encore connaître mieux ce « brigand » dont il a fallu débarrasser la France. Porcheret, en remuant le petit bout de jardin de sa maison, avait trouvé une vieille clé en cuivre d'un travail curieux ; il la porta à la Bibliothèque de la ville, lui supposant bien quelque valeur artistique. — « Mais c'est une chose précieuse, lui dit le bibliothécaire, combien en voulez-vous ? — Ah ! si c'est précieux, repartit l'ouvrier démocrate, je ne veux pas la vendre, je la donne ; » et il la laissa. Deux jours après, il fut tout étonné et tout glorieux de recevoir la lettre suivante :

A M. Porcheret, forgeron, au faubourg Bretonnière.

« Monsieur,

« J'ai fait part à M. le maire du don que vous venez de faire à la Bibliothèque publique, d'une clé forée, du moyen âge, en cuivre. Cet honorable magistrat m'a chargé de vous en témoigner sa reconnaissance.

« Je l'ai classée avec le nom du donateur, et je vous prie d'agréer l'expression de ma gratitude personnelle, et de mes sentiments les plus distingués.

Le bibliothécaire, etc.

« Beaune, le 2 novembre 1848. »

Sachons maintenant comment M. Leman, médecin à Phalsbourg (Meurthe), a mérité l'exil. On voit là éclater le respect qu'avaient pour la liberté électorale ceux qui « rendirent le suffrage universel à la France. »

Phalsbourg a peu de goût pour les plébiscites présentés la baïonnette en avant. Le 20 décembre, sur sept cents électeurs inscrits, il y eut quatre cents abstentions, et sur les trois cents votants, il y eut quatre-vingts NON. Les « honnêtes gens » ordonnèrent de sévir contre cette ville rebelle, et l'on arrêta entre autres M. le docteur Leman, le 17 janvier. Comme cette fois les magistrats s'en mêlèrent, il ne fut pas brutalement emprisonné sans motif; il était bel et bien prévenu d'un délit, celui « de colportage de journaux sans autorisation du préfet ! » Le juge d'instruction l'interrogea, et lui demanda notamment pourquoi il donnait des consultations gratuites depuis plusieurs années. L'inculpé, qui ne s'attendait pas à cette question, prétendit que c'était pour ne pas priver des secours de l'art les malades pauvres ! De plus, il ne nia pas qu'il n'eût employé tous ses efforts pour empêcher ses amis de voter le 20 décembre.

Le procureur de la République, qui assistait un peu illégalement à cet interrogatoire, et le juge d'instruction trouvèrent le cas très-grave, e¹ commencèrent par tenir M. Leman seize jours au secret le plus rigoureux. Puis, le secret fut levé. Le docteur ne sut pas pourquoi; mais c'était bien la preuve que les intègres magistrats s'occupaient toujours activement de l'affaire. Toutefois, il y a lieu de supposer que le délit principal, *colportage*

de journaux, avait disparu devant l'accusation beaucoup plus sérieuse de consultations gratuites ; car un matin,
M. Leman vit entrer dans sa cellule le
sous-préfet en personne, M. Solart, qui
l'entreprit de nouveau sur le chapitre
des consultations gratuites. Les réponses furent toujours des moins satis-
faisantes, et le sous-préfet sortit, bien
convaincu que l'accusé n'avait donné
depuis plusieurs années des consultations gratuites que pour chercher à se
créer une influence. Aussi, le docteur
Leman s'estima-t-il fort heureux quand,
au bout de *quarante-huit jours* de détention, on vint lui signifier que la commission des Trois, après en avoir mû-
rement délibéré, et lui tenant compte
de sa vie entière irréprochable, l'avait
simplement condamné au bannissement perpétuel !

Disons encore comment le citoyen
Champgobert, rédacteur en chef de *la
Constitution*, de Moulins, à été arrêté.
On lira avec intérêt un des mille épi-
sodes de la résistance des *bourgeois*
dans la province, et l'on jugera mieux

aussi de l'impudence de ceux qui nous appellaient les insurgés, en voyant à quelles successions de violences et d'illégalités ils se portèrent.

M. Champgobert était à l'imprimerie occupé à corriger l'épreuve d'une proclamation, lorsque le commissaire de police se présenta à la tête d'un peloton de chasseurs renforcé de plusieurs gendarmes et agents de police.

« Avez-vous, » dit le commissaire s'adressant au rédacteur, « l'intention de faire paraître aujourd'hui *la Constitution* ? — Certainement. — Je suis chargé par M. le préfet de vous le défendre. — Le préfet n'a pas ce droit, le journal paraîtra. — Mais j'ai l'ordre de M. le Préfet d'empêcher cette publication. Je viens exécuter cet ordre. — Je m'y oppose. »

Puis, jetant les yeux sur son bureau, le citoyen Champgobert chercha l'épreuve qu'il corrigeait, pour montrer la loi au commissaire. Un ouvrier venait d'enlever cette feuille et la cachait sous sa blouse ; le rédacteur la prit, et la développant devant le commissaire : « Lisez la loi, lui dit-il, et réfléchissez. — Il n'est pas nécessaire d'élever autant la voix, répondit l'agent, en prenant la feuille. — Je parle haut, afin que tous les citoyens ici présents entendent ma protestation. »

En effet, pendant ce colloque, le bureau s'était rempli d'ouvriers, de gendarmes et de soldats. Le commissaire pâlit en lisant l'épreuve, la plia sans mot dire ; puis, au moment de se retirer, il s'avança vers l'atelier déjà envahi par les gendarmes, et cria :

— « Que personne ne sorte, qu'on cesse tout travail. — On ne peut vous donner un pareil ordre, dit le rédacteur aux ouvriers, retournez à vos casses et composez. »

Le silence et l'immobilité accueillent ces paroles ; le citoyen Champgobert se dirige alors vers la casse abandonnée du prote, pour y composer le nom du gérant et celui de l'imprimeur, qui, se trouvant habituellement à la quatrième page du journal, avaient été omis sur le placard remplissant la première page qu'il comptait publier seule ; il voulait aussi ajouter : *Vive la République !* au bas de la proclamation. Gendarmes et chasseurs laissent composer la ligne au milieu d'un profond silence. Quand ce travail est fait, le rédacteur sort des casses et arrive devant la forme du journal placée sur le marbre ; le premier chasseur s'écarte pour le laisser passer ; mais au moment où il pose sa ligne, un second chasseur se précipite, lui saisit le bras comme un furieux, en s'écriant : — « On a défendu de travailler, vous ne continuerez pas. »

La secousse donnée au composteur fait tomber épars les caractères de la ligne, le rédacteur se retourne pour apostropher cet homme. A ce moment, il est entouré des chasseurs et gendarmes excités par la violence qui vient d'être commise.

Les gendarmes le prient de cesser toute résistance. — « Nous exécutons nos ordres, disent-ils d'un air peiné. — Vous ne pouvez exécuter un ordre illégal. — Ah ! nous ne savons pas distinguer. — Est-ce que vous fusilleriez le préfet si on vous le disait. — On ne tire pas sur ses frères, répond un gendarme embarrassé. »

Cette parole équivoque, au lieu d'engager les ouvriers à la résistance, les encourage à intervenir pour la faire cesser. Le citoyen Champgobert désespéré, se jette sur une chaise dans son bureau, et reste gardé à vue.

La proclamation était ainsi conçue :

LA CONSTITUTION
JOURNAL DU DÉPARTEMENT DE L'ALLIER

Moulins, le 3 décembre 1851.

« Art. 68. Toute mesure par laquelle le président de la République dissout l'Assemblée nationale, la proroge, ou met obstacle à l'exercice de son mandat, *est un crime de haute trahison.*

» Par ce seul fait, le Président est déchu de ses fonctions, les citoyens sont tenus de lui refuser obéissance, le pouvoir exécutif passe de plein droit à l'Assemblée.

» Art. 110. La présente Constitution est confiée à la garde et au patriotisme de tous les Français.

(Constitution de la République française.)

« Art. 123. Tout *concert* de mesures contraires aux lois, pratiqué soit par la réunion d'individus ou de corps dépositaires de quelque partie de l'autorité publique, soit par députation ou *correspondance* entre eux, sera puni d'un emprisonnement de deux mois au moins et de six mois au plus contre chaque coupable.

» Art. 124. Si ce *concert* a eu lieu *entre les autorités civiles et les corps militaires ou leurs chefs,* ceux qui en seront les auteurs ou provocateurs seront punis de la déportation; les autres coupables seront bannis. »

(Code pénal.)

» Hier soir, des autorités *civiles et* » *militaires* du département de l'Allier » se sont *concertées* pour publier une » *correspondance* prononçant la dissolu- » tion de l'Assemblée nationale. Ces » autorités, par ce seul fait, se sont » rendues coupables des crimes punis » par les articles 123 et 124 du Code » pénal.

» Le devoir des citoyens, en présence » de ce fait, est tracé par les articles » 68 et 110 de la Constitution.

« A. CHAMPGOBERT. »

Pendant que le commissaire était allé soumettre cette proclamation aux autorités, l'imprimeur, M. Place, qui était sorti, rentra à l'atelier. Il apportait de mauvaises nouvelles: la ville était plongée dans la stupeur. Il ne voulait pas faire de résistance. Aussi, quand le commissaire revint, personne ne s'opposa à ce qu'il mît les scellés sur l'imprimerie.

Cette opération terminée, le commissaire fit partir les ouvriers, rassembla les chasseurs et se dirigea, avec l'imprimeur et le rédacteur de la *Constitution,* vers le parquet du procureur de la République, M. Delesvaux. Là, ce magistrat criminel, s'adressant d'abord à M. Place, lui dit :

— Avez-vous fait résistance quand on a mis les scellés chez vous ?

— Non, monsieur.

— C'est bien, vous pouvez vous retirer.

Puis, se tournant vers M. Champgobert, il demanda :

— Et vous, monsieur, avez-vous résisté ?

— Certainement... Mais, après tout, je n'ai point à vous répondre. L'Assemblée est dissoute ; c'est en son nom seul que doit s'exercer le pouvoir exécutif, et tout me prouve que vous n'agissez pas au nom de l'Assemblée. Je ne puis plus vous considérer comme procureur.

— Monsieur, la preuve que je le suis, c'est que j'ordonne immédiatement votre arrestation.

— C'est la force, et non le droit..,

— Eh bien ! la force, soit.

— Ah ! monsieur, pour un magistrat...

— Gendarmes, emmenez monsieur, s'écria le procureur, sans laisser achever son adversaire.

Puis il ajouta en se retournant vers lui :

— D'ailleurs, il y avait déjà un mandat d'amener de M. le préfet contre vous.

Ce qui ne s'était jamais vu, M. Bonaparte et ses complices l'ont fait, ne cessons pas de le répéter : ils ont décimé aussi bien la chaumière et les ateliers que les salons ! Ce fut à ce point, nous le répétons, que dans plusieurs localités, les bras ont manqué aux travaux des champs ! Le peuple des campagnes, que MM. Persigny et Bonaparte ont fait mine de tant flatter, n'a jamais été plus maltraité que par eux, et ce fut par milliers que se comptèrent les laboureurs et les artisans, parmi les victimes de décembre !

Le convoi de transportés qui partit

de Paris le 17 mars au soir fit une halte sur la place de la Révolution. Il y avait là des hommes qui, à la vue de l'éclairage de la place et de la magnifique ligne des feux des Champs-Elysées, furent tellement émerveillés, qu'ils se crurent amenés à quelque fête, dont ils semblaient être la contre-partie. Ils ne voulaient pas croire leurs voisins, quand on leur dit qu'il en était ainsi chaque jour. C'étaient des paysans qui n'avaient jamais mis les pieds dans une ville.

Si la présence de ces braves gens au milieu de transportés politiques montre quelles racines l'idée républicaine avait déjà jetées au fond des campagnes les plus reculées, elle témoigne également que les bonapartistes n'ont jamais connu de petits ennemis, et c'est un des traits qui rendent les vainqueurs de décembre particulièrement haïssables. Ils sévirent sur qui que ce soit qu'on leur dénonçait comme démocrate, à tort ou à raison, innocent ou coupable, au village comme à la ville; ils redoutaient tout le monde. Victor Hugo, dans *Napoléon le Petit,* nous en fournit un exemple saisissant : « Un homme en haillons, la barbe longue, entre un matin dans ma chambre, à Bruxelles. « J'arrive, dit-il; j'ai fait la route à » pied; voilà deux jours que je n'ai » mangé. » On lui donne du pain, il mange. Je lui dis : « D'où venez-» vous ? — De Limoges. — Pourquoi » êtes-vous ici? — Je ne sais pas; on » m'a chassé de chez nous.—Qu'est-ce » que vous êtes ? — Je suis sabotier. » Nous avons vu à Londres, parmi nos frères de proscription, un paysan de la Nièvre, nommé Badin. Savez-vous quel âge avait ce paysan, si dangereux qu'on avait dû l'exiler? Soixante-huit ans! Savez-vous pourquoi il avait fallu absolument condamner ce vieillard à mourir loin de sa cabane? Parce qu'il avait eu querelle avec son maire, et que son maire l'avait signalé comme un « démagogue. » Il ne se défendait pas, il est vrai, d'avoir toujours été républicain.

CHAPITRE IV

L'ARBITRAIRE CONTINU

Ni le temps, qui amortit les passions, ni le terme que la dictature avait elle-même donné à ses pleins pouvoirs, ni la levée de l'état de siége, ni le rétablissement apparent du cours régulier de la justice, ni la mise en pratique de ce que l'on appela la nouvelle Constitution, ni l'exhibition carnavalesque de ses costumes brodés, ni l'installation du Parlement des muets, n'apportèrent de relâche à cette intempérance d'arbitraire.

En aucun temps, même sous l'empire du premier Bonaparte, la liberté individuelle ne fut abandonnée avec moins de pudeur aux caprices et à l'insolence de la police. Nul, en se levant, ne pouvait dire qu'il ne coucherait pas sous les verroux des sauveurs de la société, qu'il ne serait pas arraché à son père, à sa femme, à ses en-

fants. Nous consignerons comme exemples quelques faits pris dans un seul
mois, pour qu'on puisse bien juger le
régime que « les restaurateurs de l'ordre » ont inauguré en France.

10 *mai*. « Quatre Belges, lit-on dans
» l'*Indépendance belge* du 10 mai, ve-
» naient d'entrer dans un café pour y
» demander de la bière, lorsqu'un
» commissaire de police et des agents
» de police survinrent, et arrêtèrent
» *toutes les personnes présentes*, y compris
» nos compatriotes, malgré leurs pa-
» piers en règle, et quoiqu'ils n'eus-
» sent encore adressé la parole à per-
» sonne. Conduits à la Préfecture de
» police, un fonctionnaire supérieur a
» confirmé leur arrestation. *On les a*
» *fouillés jusque dans leurs bottes* pour
» voir s'ils n'avaient pas d'armes ca-
» chées. Les lettres qu'ils écrivirent à
» des personnes de leur connaissance,
» à Paris restèrent sans réponse. Ils
» obtinrent enfin la permission de
» communiquer par télégraphe avec
» M. d'Hoffschmidt, ministre des af-

» faires étrangères de Belgique. Après
» avoir fait *une dépense de cent cinquante*
» *francs* en dépêches télégraphiques,
» *au bout de quarante-huit heures* d'arres-
» tation, nos compatriotes ont enfin
» recouvré la liberté, et se sont em-
» pressés de quitter la capitale de la
» France ! »

10 *mai*. « L'autorité a pris les mesu-
» res les plus énergiques *pour assurer la*
» *tranquillité publique,* pendant la durée
» des fêtes. On a mis la main sur tous
» les hommes que *leurs antécédents poli-*
» *tiques rendent dangereux,* particulière-
» ment dans le faubourg Saint-An-
» toine. Launette, l'ancien président
» du club Roisin, dont M. Recurt
» avait fait un conservateur du mar-
» ché au fourrage de la rue Picpus,
» destitué bien avant décembre, a été
» écroué à Mazas. M. Recurt lui-même,
» qui avait repris l'exercice de sa pro-
» fession médicale, *a dû aller passer les*
» *fêtes de mai en province.* »

12 *mai*. « On annonce de Crest, le
» 12 mai, l'arrestation des trois fils

» d'un condamné politique de Soyans,
» le sieur L...., maçon, et de son ou-
» vrier, tous *graciés* par la commission
» mixte, *après trois mois de détention.* Ils
» sont prévenus *d'avoir fait sculpter le*
» *buste en pierre de Ledru-Rollin*, AVEC
» LE NOM AU BAS, EN GROS CARAC-
» TÈRES. »

(Correspondance de l'*Indépendance belge.*)

20 *mai.* « A Perpignan, la femme
» d'un déporté à Lambessa est morte à
» la fin de la première quinzaine de
» mai, moitié de misère et moitié de
» douleur. Sur-le-champ, une pénible
» émotion se répandit dans la ville, et
» plus de deux mille personnes se
» réunirent pour conduire la pauvre
» veuve à sa dernière demeure. L'au-
» torité a trouvé que c'était une mani-
» festation coupable, et elle a jugé
» convenable de faire *de la vigueur* pour
» frapper de nouveau de terreur toute
» une population. Or donc, le lende-
» main de l'enterrement, on a fait tra-
» verser la ville à vingt-cinq hommes
» qu'on a dirigés sur Lambessa ! Ces

» malheureux étaient, pour la plupart,
» des contumax et des prisonniers de
» décembre, *relâchés avec leur brevet de
» non culpabilité...* On a été les repren-
» dre chez eux pour *produire de l'effet*
» dans la ville, avec ce petit convoi de
» transportés. »

29 *mai.* « De nouvelles arrestations
» ont encore eu lieu à Orléans par
» suite du *réexamen* des dossiers des
» personnes compromises dans les
» événements de décembre. Quatre
» nouveaux prévenus appartenant à
» l'arrondissement de Gien ont été
» écroués à la maison d'arrêt d'Or-
» léans. »

(Correspondance particulière de la *Nation.*)

L'histoire de toutes les tyrannies
nous l'apprend, un peuple tombé sous
le joug est plus lâche encore qu'un
homme réduit en servitude. Le peuple
de 89, de 93, de 1830 et de 1848 endura,
lors du coup d'État, tout ce que le
peuple romain supporta sous le règne
des Claude, des Tibère et des pré-

toriens. Les Elyséens de tous rangs étaient souverainement ridicules, ils le sont restés ; mais la victoire les avait rendus féroces, et il n'est pas d'offensantes absurdités qu'ils n'aient inventées pour y soumettre les vaincus.

Ainsi on put voir le gouvernement de la République, issue de Février, interdire à la population de déposer des couronnes au pied de la colonne de Juillet et de Février !

« Une foule de personnes, écrit un
» témoin, entouraient les agents, en
» les suppliant de leur permettre de
» déposer une couronne pour leur
» père, leur frère, ou leurs amis. Rien,
» on les refusait avec les propos les
» plus grossiers et en les jetant au
» bas des trottoirs. Quelques hardis
» démocrates, des femmes et des
» jeunes filles, jetaient par intervalles
» un bouquet ou une couronne : aussi-
» tôt on voyait s'agiter les tricornes.
» Le *coupable* était saisi avec cette bru-
» talité dont nous avons vu tant
» d'exemples : on le traînait au poste

» à coups de pieds et à coups de
» poings. »

Là encore se multiplièrent ces atten-
tats à la liberté individuelle qui passèrent si longtemps en France comme
un moyen de gouvernement ou même
de police urbaine. Quelques-uns des
arrêtés, après *trois semaines* de prévention, furent traduits devant des juges
de la République, qui, pleins d'obéissance, s'empressèrent de condamner
la révolution de Février.

Nous nous bornerons à citer trois de
ces jugements :

« La 8ᵉ chambre de police correctionnelle condamna :

« A quinze jours de prison, le
citoyen Jean Guilbert, prévenu, dit
la *Patrie, d'avoir voulu monter sur la
grille placée au pied de la colonne de la
Bastille, afin d'y poser un bouquet d'im-
mortelles.*

« A un mois de prison, le citoyen
Ameline, pour s'être, le même jour,
sur les quatre heures du soir, présenté
sur la place de la Bastille, *tenant en
main une branche de laurier, ornée de*

faveurs rouges, et suivi de près de cinquante individus. Cette *bande* fit le tour de la colonne. On les arrêta, *avec énergie*, dit la *Patrie*, malgré les curieux, qui leur faisaient, pour ainsi dire, un rempart de leur agglomération.

« M. Fonvielle fils, ancien membre du Comité des Écoles, est destiné à subir la peine de la transportation. Il a été arrêté le 24 février dernier sur la place de la Bastille, au moment où il déposait une couronne au pied de la colonne de Juillet. »

...C'est pourtant là que reposent ceux qui fondèrent le triomphe de la souveraineté nationale, ce prétendu dogme des Elyséens ! C'est pourtant à ces nobles martyrs que M. Bonaparte devait la fin de son exil ! L'homme qui ne permettait pas d'honorer leur souvenir le 24 février 1852 était pourtant le même qui écrivait, le 28 février 1848, aux membres du Gouvernement provisoire : « Le peuple de Paris ayant
» détruit PAR SON HÉROÏSME les der-
» niers vestiges de l'invasion étran-
» gère, j'accours de l'exil *pour me ran-*

ger SOUS LE DRAPEAU DE LA RÉPU-
» BLIQUE ! »

Mais voici qui aurait été un nouveau sujet d'étonnement, si on avait pu s'étonner encore de quelque chose. L'affirmation à haute voix de la République était devenue un cri séditieux sous la République ! Nous lisons dans le *Journal de Lot-et-Garonne* : « *Bordeaux*, » 19 *décembre*.... Au moment où les qua- » rante-neuf prisonniers débouchaient » des fossés de Bourgogne, un indi- » vidu assez mal vêtu a crié, d'une *fa-* » *çon provoquante* : « Vive la Républi- » que ! » Il a été aussitôt arrêté et mis » au nombre des quarante-neuf pri- » sonniers. »

Heureux ceux-là qui criaient : Vive la République ! *avec affectation*, quand ce n'était pas devant des magistrats en séance ! « Le tribunal de Rouen » nous disent les journaux du 10 novembre, « a condamné le nommé Denis à deux » ans et le nommé Chenez à dix-huit » mois d'emprisonnement, avec cinq » ans de surveillance, pour *crime d'of-* » *fense publique envers la personne du*

» *Prince président*. En se retirant, les
» deux condamnés se sont mis à pous-
» ser les cris de *Vive la République dé-*
» *mocratique !* Le président les a fait ra-
» mener, et a ajouté à la peine DEUX
» ANS DE PLUS D'EMPRISONNEMENT. »

Il y a sur cette sentence un rappro-
chement instructif à faire. Le 21 décembre 1852, le *Journal des Faits* rap-
portait, en ces termes, un des épisodes
du tribunal de police correctionnelle
de Lille :

« Ce n'est pas d'hier que Rosalie
D... se montre femme dénaturée. Il y
a cinq ans, c'était un mari qui était la
principale de ses victimes ; maintenant, ce sont trois de ses enfants :
Joseph, Marie et Bacchus. L'aîné, de
dix-sept ans, a la plus large part dans
les brutalités maternelles.

» Il n'est pas de raffinements que
cette femme n'ait employé dans ses
tortures. Une petite fille de sept ans,
Marie, est liée par une corde au pied
du lit. On la délie, ce n'est que pour la
faire changer de tourment. Les ge-
noux nus sur la pierre, elle est con-

rainte à lessiver. Elle ne fait qu'im-
arfaitement cet ouvrage, dispropor-
ionné à ses forces ; la mégère qui
orte le nom de sa mère lui arrache
es cheveux. — Il n'y avait que ce
oyen qui me réussissait, dit-elle. Ce-
endant je m'en repens, mais de cela
seulement.

» D'autres fois, ajoute-t-elle, je leur
faisais tenir les bras en l'air, une
chaise au poignet. C'est fatigant, mais
pas dangereux. Ou bien encore je leur
faisais *faire la marche.*

» — Qu'est-ce que cela ? demande
le président.

» — C'est tout simple : ils faisaient
au galop le tour de la chambre, et
Gustave les stimulait à coups de mar-
tinet. (Gustave est un homme avec lequel vit Rosalie.)

» — Mais c'est affreux !

» — Laissez donc, ça les fait gran-
dir ; c'est de la gymnastique.

» On aura peine à croire que ces réponses soient textuelles.

» Le fils aîné, le 16 novembre dernier, reçut de tels coups, qu'il ne sor-

tit des mains de sa mère que la figure meurtrie et ensanglantée. — Bah ! dit elle, on prétend que je lui ai donné un coup de poing ; il n'a eu tout au plu qu'un soufflet. — L'enfant alla se plaindre au commissaire.

» Une autre fois encore, elle frappa un de ses enfants avec un mouchoir garni d'épingles.

» La mère fut arrêtée ; depuis ce jour, les enfants sont heureux.

» Le tribunal condamne la femme D... à six mois de prison. »

Voilà une mère qui avait exercé sur ses enfants des sévices atroces ; elle est condamnée à quoi ? à *six mois* de prison : voilà deux hommes qui crient : « Vive la République démocratique ! » ils sont condamnés à *deux années* de prison !...

Deux ans de prison à des malheureux qui viennent déjà d'être condamnés à dix-huit mois de détention, pour avoir mal parlé d'un Louis-Napoléon Bonaparte, leur arracher encore deux ans de la vie, parce que, sous la République, ils crient : « Vive la République ! » C'est pourtant ainsi que l'on a toujours traité les démocrates depuis le 18 brumaire ! Quand ils ont été les maîtres, sur les barricades de 1830 et de 1848, ils n'ont jamais recherché leurs juges ; on ne peut leur reprocher un seul acte de vengeance contre les prévaricateurs ; et leurs adversaires, pour comble d'infamie, les appellent sans vergogne des hommes de sang et de violence !...

CHAPITRE V

LES COMMISSIONS MIXTES

Les juges militaires de Décembre commencèrent d'abord, croyant en cela montrer plus de zèle, par prononcer tant de sentences capitales, que les meneurs en furent effrayés. Les conseils de guerre sont d'ailleurs tenus à de certaines formes : interrogatoires des accusés, audition de témoins, publicité, etc. On recula bientôt devant l'appareil de semblables débats surtout après avoir reconnu que les colonels et lieutenants-colonels présidents n'avaient pas toujours soin de dissimuler suffisamment le mauvais côté des choses.

D'un autre côté, M. Fialin, en arrivant à la place de ministre de l'intérieur des rebelles, ne fut pas fâché de bien mettre en saillie les mesures terroristes du frère Morny, et de lui en laisser tout l'odieux. Il prend donc des

irs de Titus ; il commence par gémir
ubliquement sur le grand nombre
d'arrestations opérées, et le 29 janvier
'l adresse aux préfets une circulaire,
où il leur donne plein pouvoir « de
» rendre à leurs familles, *quel que soit*
» *d'ailleurs l'état de l'instruction com-*
» *mencée*, tous ceux des détenus qu'ils
» jugeraient n'avoir été qu'*égarés*. »
Les autorités judiciaires et militaires se trouvèrent par là assez cava-
lièrement dessaisies de leurs prisonniers, dont les préfets purent disposer
dorénavant. Puis, le tout puissant
Fialin eut un autre caprice ; il institua
des commissions, dites commissions
mixtes ou départementales, pour remplacer conseils de guerre, cours d'appel, tribunaux et préfets tout ensemble.
Ce sont là petits jeux de restaurateurs
de l'autorité.

Ces commissions mixtes furent une
grande nouveauté judiciaire, au milieu
du renversement de toutes les notions
du droit et de la justice. Elles fonc-
tionnèrent en vertu d'une circulaire
signée par trois ministres : autre nou-

veauté gouvernementale ! Ces trois messieurs *ordonnaient collectivement* qu dans chaque département le procureur général, le préfet et le commandant militaire s'érigeraient en tribunal, et dresseraient les tables de proscription ! De par M. Fialin, dit de Persigny, M. Leroy, dit de Saint-Arnaud, et M. Abattucci, voilà trois fonctionnaires amovibles, d'ordres différents, mélange hétérogène de préfets, de sous-préfets, de généraux, de chefs de bataillon e de procureurs — quelle responsabilité. — qui feront trêve de temps en temps leurs occupations journalières, et s'assembleront pour décider le soir de l fortune et de la vie de ceux-là qu'ils ont eux-mêmes fait incarcérer le matin ! Et ces Maîtres Jacques de la révolution militaire, prononceront à huis clos, en dernier ressort, « suivant, dit

» la circulaire, le degré de culpabilité,
» *les antécédents politiques et privés, la*
» *position de famille des inculpés*, en com
» pulsant les dossiers mis à leur dis
» position par les conseils de guerre,
» les parquets, *ou les administrations*
» *civiles !* »

On peut imaginer ce que furent les sentences d'hommes capables d'accepter les fonctions de commissaires mixtes. Consciences à ceinture élastique, comme dit Schiller, cœurs sans foi, âmes vénales, ils ont jugé sans interrogatoires ni témoins. Aucune enquête, aucune instruction n'ont éclairé leurs décisions arbitraires ; ils ont demandé la vérité aux dénonciateurs ; ils ont signé les listes dressées par les réactionnaires, sous la pression des haines les plus violentes, des vengeances les plus basses, ou d'une terreur stupide, et ils ont condamné ne regardant point aux peines infligées.

Les peines infligées ! Autre prodige de ces restaurateurs de l'autorité. De même qu'ils ont inventé des tribunaux sans nom dans l'histoire judiciaire, ils ont aussi inventé, sous le titre de *mesures*, des peines qui n'étaient écrites dans aucun de nos codes.

» Les *mesures*, dit la phénoménale circulaire, qui pourront être appliquées sont les suivantes :

» Le renvoi devant les conseils d
guerre ;

» La transportation à Cayenne ;

» La transportation en Algérie (deu
classes exprimées par ces mots : *plus,
moins*) ;

» L'expulsion dé France ;

» L'éloignement momentané du ter
ritoire ;

» L'internement, c'est-à-dire l'obli
gation de résider dans une localit
déterminée ;

» Le renvoi en police correction
nelle ;

» La mise sous la surveillance du mi
nistère de la police générale ;

» La mise en liberté.

« Toutefois, la commission ne ren
verra devant les conseils de guerr
que les individus convaincus de meur
tre ou de tentative de meurtre ; et ne pro
noncera la transportation à Cayenne,
que contre ceux des inculpés qui se
ront repris de justice. »

L'expulsion, l'éloignement momen
tané, étaient des mots d'apparence à
peu près innocente, qui cachaient un

chose exécrable : la proscription. On sait ce que c'est. Mais la transportation en Algérie, l'internement, furent des supplices de fantaisie dus à l'imagination odieuse des Décembriseurs.

Par l'internement, on vous obligeait à quitter votre demeure pour aller résider dans telle ou telle localité, qu'il plaisait à l'administration de désigner. De même que le 2 décembre était l'expédition de Rome à l'intérieur, l'internement était la transportation à l'intérieur.

Cette *mesure,* puisque mesure il y a, si elle n'avait été tout simplement de la cruauté, aurait été absurde. On ne saurait admettre qu'en ayant deux hommes *dangereux,* l'un à Marseille, l'autre au Havre, on les annihilera en envoyant celui de Marseille au Havre, et celui du Havre à Marseille. Il est clair que huit jours après leur déplacement, ces deux hommes seront en rapport avec ce qui reste de *dangereux* dans chaque ville où on les interne. Si c'est leur action qu'on veut paralyser, le moyen semble plus absurde encore,

car ils vont avoir auprès de ceux à qui
leur propagande s'adressera, l'attrait,
le prestige de l'étranger.

L'internement n'est pas autre chose
qu'un produit de cette basse méchan-
ceté qui caractérisa les conspirateurs
élyséens. Ils exilèrent à l'intérieur les
républicains qu'ils ne déportèrent pas,
parce que l'internement fait beaucoup
souffrir. Dans un pays aussi peuplé que
le nôtre, où pas une case n'est vide,
que de peines, que de difficultés avant
de pouvoir se refaire une existence !
Pour le plus grand nombre, le déplacement, c'était la ruine et la misère.
Des gens heureux dans la province,
dans la ville, dans la campagne où
leur vie avait été attachée, ne trouvèrent que la détresse loin de leurs
foyers. Nous demandions aide, pour
ceux de nos compagnons d'exil qui
n'avaient pas d'ouvrage, à un de ces
démocrates de la bourgeoisie dont la
bourse est toujours ouverte aux malheureux. Il nous envoya quelques
fonds, courrier par courrier, en
nous disant : « Je ne puis faire plus

» nous avons à soutenir ici une *soixan-*
» *taine d'internés* que l'on a expédiés de
» divers départements dans notre ville,
» et dont la plupart n'ont aucun
» moyen de vivre. » Mais au moins, si
les internés arrivent à reprendre ra-
cine là où on les a transplantés, y res-
teront-ils en paix ? Non, l'administration disposait toujours d'eux, et les
faisait passer d'un lieu à un autre quand
il lui plaisait. M. Brondeau, maire de
Villeneuve (Lot-et-Garonne), est interné à Bordeaux : il s'y rend. Deux
mois après, on lui signifie d'aller à
Angoulême, puis un mois encore après,
un nouveau caprice l'expédie à Pauillac
(Gironde). Plusieurs condamnés à l'internement, comme MM. Phillips et
Dubruel, ont mieux aimé s'expatrier
que de se soumettre à ces fantaisies
décembristes.

Et la surveillance de la haute police !
C'est une peine que les tribunaux
criminels prononcent contre les plus
grands malfaiteurs et contre les réci-
divistes ! Les repris de justice ont toujours déclaré qu'elle suffisait seule,

par les entraves qu'elle jette dans la vie, pour les empêcher de retourner au chemin de l'honneur. Eh bien ! on l'a appliquée aux opinions politiques. Le citoyen en surveillance ne s'appartient plus ; il appartient à la police ; il devient son homme-lige ; il est contraint de faire acte de présence auprès d'elle toutes les semaines ; elle a toujours l'œil attaché sur lui ; il ne peut sortir de la ville, se déplacer, sans sa permission.

Voyez : Un journal de Sens, le *Sénonnais* du 4 septembre 1852, publie la circulaire suivante du préfet de l'Yonne aux sous-préfets et maires de son département :

« M. le ministre de la police géné-
» rale est informé que des *insurgés* de
» Décembre, *internés* ou placés sous la
» surveillance de la police, *se permettent*
» de quitter, *sans autorisation signée de*
» *moi*, la résidence qui leur a été assi-
» gnée, et même de se diriger sur
» Paris sans être munis de passe-
» ports.

» *Ces individus se mettent dans le cas*

» d'être arrêtés, et traduits devant les
» tribunaux pour fait de *rupture de ban,*
» et d'être, par suite, *expulsés du terri-*
» *toire français.*

» Je vous invite à donner connais-
» sance de cette disposition aux *indi-*
» *vidus* qui sont internés ou en surveil-
» lance dans les localités dont l'admi-
» nistration vous est confiée.

» Vous ne leur laisserez pas ignorer
» que s'ils y contreviennent, *ce ne sera*
» *pas impunément.*

» Recevez, etc.,

» *Le préfet de l'Yonne,*

» RODOLPHE D'ORNANO. »

Le 1er novembre, le *Journal des Faits*
empruntait au *Courrier du Gers* ces
quelques lignes : « Le *sieur* Lannes,
» condamné politique, assujetti à la
» surveillance, et demeurant à Auch,
» vient de recevoir de M. le préfet du
» Gers l'ordre de se rendre à Lombez,
» où il résidera jusqu'à nouvel ordre.
» Par deux décisions du même genre,
» M. le préfet du Gers a également

» prescrit aux *sieurs* Abeithé et Lacoste,
» de Montesquiou, de se rendre, le
» premier à Condom, et le second à
» Lombez, où ils résideront provisoi-
» rement. »

Marié, vous vous étiez créé un éta-
blissement, vous faisiez un petit ou un
grand commerce dans une ville quelconque ; arrivait un ordre d'un préfet,
qui vous envoyait à cent lieues de là.
Vous étiez ruiné, vos parents étaient
désolés, votre famille restait sans
moyen d'existence, mais les sauveurs
de la société l'avaient sauvée une fois
de plus.

Qu'on lise encore cet extrait du *Cour-*
rier de l'Europe (4 novembre) : « Le
» *sieur* Bonhomme, maître clerc de
» M. Lapon, avoué à Évreux, soumis
» à la surveillance de la police, en
» vertu d'une décision de la commis-
» sion mixte de l'Eure, est interné
» à Clermont-Ferrand : 1° pour avoir
» quitté le département de l'Eure sans
» autorisation ; 2° pour s'être rendu à
» Paris. L'arrêté qui interne le *sieur*
» Bonhomme à Clermont-Ferrand, a

» été pris le 19 octobre, et approuvé
» le 27 suivant par le ministre de la
» police. »

Ce ne sont pas là des phrases, des assertions en l'air, ce sont des faits irrécusables, enregistrés par les organes mêmes du grand « parti de l'ordre. » On peut juger ce qu'entraîna encore de malheurs privés *la plus douce* des *mesures* élyséennes.

Il y a une peine d'un autre genre que ces honnêtes gens ont imaginée. Elle n'est pas inscrite dans les attributions des commissions mixtes, mais elle fut appliquée journellement par les préfets, tous revêtus de pouvoirs illimités : c'était l'internement sur place, si l'on peut s'exprimer ainsi. Vous étiez à Bordeaux, vous vouliez aller à Paris ; vous étiez à Paris, vous vouliez aller à Bordeaux. Vous demandiez un passe-port, on vous le refusait, et vous appreniez que le gouvernement des factieux vous avait condamné à ne pas quitter la ville ! C'est ce qui est arrivé à notre ami Emmanuel Arago. Il avait des affaires majeures à régler en

province ; il allait partir, lorsque le
préfet de la Seine lui déclara qu'il ne
lui était pas permis de quitter Paris.
Pourquoi? Parce que nous l'ordonnons
ainsi. En vertu de quel droit? De celui
du plus fort ; le peuple nous a donné
sept millions de suffrages pour gou-
verner comme cela ! On signifia de la
même manière à M. Ferdinand Las-
teyrie qu'il était interné à Paris au
moment où il demandait un passe-port
pour quitter la capitale. Et il n'y avait
qu'à se soumettre ; car, sans le passe-
port qu'on vous refusait, vous auriez
été arrêté au premier pas par les gendarmes.

Il faut conserver à l'histoire les
pièces authentiques de tous ces mé-
faits ; il faut que l'on sache quels
furent les voies et moyens de l'Asso-
ciation : *Le Neveu de l'Empereur et Compagnie*. Il arriverait un jour où l'on ne
voudrait pas croire à quels actes prirent part des magistrats français, des
procureurs généraux, ceux-là mêmes
que la société a institués pour la
garde des lois ! Voici la lettre de ca-

chet adressée au citoyen Porcheret. C'est ainsi que se rendait alors la justice en France. C'est ainsi que l'on était condamné à la mortelle peine du bannissement ! On devait, si l'on ne voulait pas en venir aux gendarmes, avoir une confiance illimitée dans le préfet, qui vous signifiait la décision du conseil des Trois sans autre garantie que sa parole !

Dijon, le 6 mars 1852.

« Monsieur,

» Par décision de la commission mixte, *instituée pour appliquer* les peines d'expulsion ou d'éloignement momentané du territoire, d'internement ou de surveillance, *vous avez été compris dans la catégorie des personnes qui doivent être expulsées* du territoire français.

» En conséquence, vous êtes tenu de vous mettre en route dans le courant des huit jours qui vont s'écouler à partir de la notification de la présente lettre.

» Je vous adresse ci-joint un passeport pour la Belgique. Si vous désiriez être dirigé sur l'Angleterre, ou sur tout autre pays, vous auriez à me le faire connaître immédiatement, et je statuerais sur votre demande.

» Je dois vous faire connaître que, d'après le décret du 5 mars courant, tout individu expulsé ou éloigné momentanément du territoire, qui sera rentré en France sans autorisation, pourra être, *par mesure administrative*, transporté en Algérie ou *à la Guyane française;* que tout individu interné qui aura *quitté sans autorisation* le lieu qui lui aura été fixé pour sa résidence pourra être *éloigné du territoire*, et que tout individu placé sous la surveillance qui sera trouvé dans un des lieux dont la résidence lui aura été interdite pourra être interné *par mesure administrative*.

» Les mêmes peines seront appliquées, selon les cas, aux *individus* qui n'obtempéreraient pas à la décision que je vous notifie aujourd'hui.

» Agréez, monsieur, l'assurance de ma parfaite considération.

» *Le Préfet de la Côte-d'Or,*

» Signé : BARON DEBRY. »

Ces lettres étaient autographiées ; on en avait tant à expédier que l'on a eu recours aux moyens mécaniques pour les multiplier. Il n'y avait de tracé à la main que la désignation de la catégorie dans laquelle « les commissaires institués pour appliquer les peines, » classaient les *condamnés*. M. J. Debry avait du moins un mérite fort rare parmi les *individus* de son espèce, celui d'être bien élevé ; et l'on sait gré à un homme qui vous chasse de votre patrie sans dire même pourquoi, de vous prier « d'agréer en même temps l'assurance de sa parfaite considération. » M. le préfet de l'Eure n'y mettait pas tant de façons ; il vous envoyait tout simplement un commissaire de police ou un gendarme qui vous disait : « Vous êtes *expulsé*, » et vous remet-

tait un passe-port avec itinéraire obligé
et à vos frais.

Il est impossible, bien entendu, de
connaître le nombre de citoyens que
les commissions mixtes ont classés
dans leurs catégories. Ces *individus-là*
ne se donnaient guère la peine de
compter leurs victimes. Cependant la
Patrie estimait que les expulsions, rien
que les expulsions, s'élèveraient à
près de SIX MILLE ! C'est aussi ce que
nous apprend l'*Indépendance belge* du
20 avril. « Dans le seul département de
» l'Hérault, le chiffre des *condamnés*,
» tant expulsés qu'internés ou trans-
» portés, s'élève à TROIS MILLE DEUX
» CENTS, résultat constaté à la dissolu-
» tion de la commission mixte. » Au
surplus, on peut se former une idée
de la chose, en considérant que les cé-
lèbres commissaires de *clémence*, qui
ont fonctionné dans vingt-huit départements seulement, y ont maintenu
NEUF MILLE CENT QUARANTE - QUATRE
condamnations ! 9,144 condamnés pour
vingt-huit départements, donnent à
peu près 28,400 condamnés pour toute

la France. Et cela, en chiffre *final*, après les révisions gracieuses ! Nous ne croyons pas exagérer le calcul, surtout si l'on envisage que les cinquante-neuf départements qui ne se sont pas trouvés sur le chemin des comparses de la comédie de *clémence*, n'ont pas eu leur part de *grâces* (1).

---

(1) Les deux premiers commissaires étaient le colonel Espinasse et le général Canrobert. Heureux choix ! M. Espinasse était le cent-suisses qui avait pris par trahison le palais de l'Assemblée nationale ; M. Canrobert s'était déshonoré en faisant tirer sur les inoffensifs promeneurs du boulevard ! A la troisième place du trio des miséricordes napoléoniennes, ce fut M. Quentin Bauchart qu'on nomma. Ceux qui ont le sentiment du respect de soi-même ne furent pas peu surpris. Cet homme s'était signalé, le 2 décembre, à la séance du dixième arrondissement, en demandant qu'on publiât par tous les moyens le décret de déchéance du président. On ne se doutait pas qu'il proclamerait si vite « la nécessité de frapper *un grand nombre d'hommes égarés par de fatales influences.* »

Ils partent, ces messagers de conciliation et d'amour ; ils visitent vingt-huit

Il ne faudrait pas penser cependant que ce chiffre effrayant représente le nombre total des victimes du 2 décembre. Les commissions mixtes n'ont bonapartisé que les restes des tribunaux de passage, des préfets miséricordieux,

---

départements. Pourquoi vingt-huit au lieu de vingt, au lieu de quarante, au lieu des quatre-vingt-six ? Comme il s'agissait d'une comédie, ils n'ont pas sans doute voulu se donner la peine de parcourir toute la France. Dans ces vingt-huit départements, privilégiés du hasard, les commissaires examinent 11,675 dossiers; et savez-vous ce qu'ils trouvent de remises et de commutations à faire? 2,531 ! Autrement dit, sur 11,675 condamnations, toutes *arbitraires*, toutes prononcées *sans jugement*, ils en maintiennent 9,144! Il est vrai que, sur les 2,456 *graciés*, on en remarque à peu près 500 dont la peine est simplement « commuée, » et que les graciés complets sont renvoyés « sous la surveillance de la police générale. »

Cependant, lorsqu'on songe que les remises entières de peine ne s'accordaient « qu'à la condition de jurer fidélité à la personne du *Prince*, » on s'étonne encore que M. Quentin Bauchart ait pu en faire

des commissions militaires et des conseils de guerre. Ainsi, par exemple, les
cinq cents hommes livrés aux tortures
des pontons français sur les vaisseaux
le Canada et *le Duguesclin*, souffraient

1,300 sur 3,000 condamnés. Il est nécessaire de dire que la plupart de ces « graciés » étaient des *paysans* du Midi, ne sachant ni lire ni écrire, n'ayant pas, faute
d'éducation, une notion assez sévère de la
valeur d'un engagement, se croyant permis de n'y pas regarder de bien près avec
un parjure, ne comprenant enfin qu'une
chose : c'est que, durant leur captivité,
leurs femmes et leurs enfants souffraient.
Amenés un à un « devant le préfét, le gé-
» néral, le procureur général, les officiers
» de gendarmerie et le commissaire ex-
» traordinaire, tous en grand costume »
(*Rapport de M. Bauchart*); intimidés par
cet appareil; placés entre la proscription
et la misère de leur famille abandonnée,
ils ont cédé. Ajoutons que, parmi tous les
hommes arrêtés et condamnés sans y regarder de bien près, il s'en trouvait un
certain nombre qui ne s'étaient jamais
occupés de politique, et qui ne purent
avoir de grands scrupules à promettre
tout ce qu'on voudrait, pourvu qu'on les
élargît. M. Bauchart a consigné dans son

déjà avant que les trilogies départementales n'eussent été mises au monde.

Elles n'atteignirent pas seulement
les citoyens placés sous la main de la
justice, comme on dit. Il n'était pas
nécessaire d'avoir été arrêté et d'avoir

---

rapport « qu'il n'avait épargné aucun
chef. »

Maintenant, lisons le rapport de M. le
général Canrobert :

« Clamecy, 4 avril 1852.

« *Monseigneur !*

» J'ai l'honneur de vous rendre compte
» du résultat de ma mission dans l'arron-
» dissement de Clamecy.

» Tout ce que j'ai lu, tout ce que j'ai en-
» tendu dire sur *les ravages du Socialisme*
» dans ce pays, est bien au-dessous de la
» vérité ; je suis ici *au cœur même de la dé-*
» *magogie.*

» Le mal est *immense*, les plaies sont *pro-*
» *fondes* et encore toutes *saignantes.* Que
» les incrédules viennent dans la Nièvre ;
» qu'ils voient ce que ce département
» était avant le 2 décembre, ce qu'il est
» encore aujourd'hui ; qu'ils compulsent
» les dossiers de 579 individus de Clamecy,
» condamnés soit par le conseil de guerre,

subi un simulacre d'interrogatoire devant un magistrat quelconque, pour que les Trois se crussent autorisés à disposer de vous. Leurs décisions prises dans l'ombre et le mystère allaient frapper des hommes qui ne se doutaient

---

» soit par la commission départementale ;
» et quelle que soit leur résolution de
» fermer les yeux, ils seront contraints
» de les ouvrir et de convenir que le
» *grand acte* du 2 décembre *a sauvé la so-*
» *ciété.*

» Malgré *tout mon désir, Monseigneur,* de
» remplir vos intentions, en faisant une
» *large part à la clémence,* il m'a été *im-*
» *possible* de l'étendre à plus de *cinquante-*
» *deux* individus, dont *beaucoup* sont *sim-*
» *plement* l'objet d'un *adoucissement* de
» peine, etc.

» Général Canrobert. »

M. Canrobert, dans un second rapport, dit que «les populations paisibles, en pro-
» vince, croient aux dangers du Socia-
» lisme, parce qu'elles en aperçoivent
» sans cesse *le couteau et la torche* suspen-
» dus sur leur tête. » Or, l'homme qui parle en ces termes des républicains est un des Haynau français qui ont terrorisé Paris ; c'est celui précisément qui

pas que les amis de l'ordre s'occupassent d'eux. Le citoyen Hubert est arrêté le 4 décembre. Il demande pourquoi ? Il écrit au préfet, au procureur général, au procureur de la République; personne ne répond. « C'est inutile,

---

a fait tirer le canon sur les maisons du boulevard Poissonnière ; enfin, pour le peindre d'après lui-même, c'est lui qui écrit à M. Bonaparte, au Président-Obus :
« *Monseigneur*, je serai heureux et ample-
» ment récompensé des peines inhérentes
» à ma mission délicate, si j'ai pu, en ré-
» pandant sur ma route les actes de votre
» générosité personnelle, augmenter les
» motifs qu'ont les gens d'ordre de bénir
» *votre nom immortel !* »

M. Espinasse n'était encore ni aide de camp, ni général ; il devait nécessairement aller plus loin que l'autre. Il a commencé par faire sa tournée de clémence d'une façon toute particulière. Dans le Lot-et-Garonne, il ne s'arrête pas à Marmande ; pour Agen, il ne met pas plus d'une heure à réviser 150 condamnations, dont 83 à la transportation, et au retour, il écrit : « Les commissions mixtes n'ont
» péché que *par excès d'indulgence.* Puis-
» sent-elles n'avoir pas à se repentir d'a-
» voir laissé échapper une occasion peut-

lui avoue à la fin le geôlier ; j'ai entendu le procureur de la République dire qu'on ne vous relâcherait qu'après le vote du 20. » Les coquins consultaient le suffrage universel, et ils tenaient à ce que le citoyen Hubert eût en prison la faculté de ne pas voter *non*, et de ne pas engager ses *complices* à l'imiter. En effet, une fois que le suffrage universel eut fonctionné dans sa pleine indépendance, le 12, Hubert fût élargi. Il rentra tranquillement chez lui, « et ne pensait point à mal, » dit-il,

---

» être unique de désorganiser l'anarchie.» M. Quentin a eu beau dire : « l'opinion » dans tous les départements était manifestement à la clémence.» M. Espinasse, signifie tout net au prince clément que sa bonté est fort mal vue, et que « les grâces » individuelles déjà accordées ont produit » en-général une mauvaise impression » *dans le pays.* » Que M. Bonaparte y prît garde, la France commençait à murmurer des excès de sa magnanimité ! Aussi a-t-il nommé général, le colonel qui n'avait pas craint de lui dire la vérité avec tant de courage, au risque de lui déplaire...

lorsque, peu de temps après, un gendarme vint lui signifier de vive voix, que la commission mixte l'avait condamné à l'exil !

CHAPITRE VI

LES COMMISSIONS MIXTES N'ONT PAS MIS DE TERME A L'ARBITRAIRE.

Conseils de guerre, commissions militaires, mixtes ou départementales, parquets, juges délégués, toutes ces ombres de garanties, si complétement illégales qu'elles fussent, ne servirent même pas de frein aux hommes de décembre. Une décision n'a de solidité à leurs yeux qu'autant qu'elle condamne. Vous absout-elle ? Vous n'êtes pas sauvé ; vous retombez sous le coup des *mesures* dites *administratives*. Le moindre préfet, le plus petit sous-préfet vous envoyaient en prison, vous internaient, vous exilaient à leur gré. A Moulins, le préfet Charnailles s'érigeait en contrôleur des juges militaires et chaque jour, vers quatre heures, arrivait à la prison, mandait le barbier, et faisait venir, l'un après l'autre, les citoyens désignés pour être relâchés.

M. Charnailles n'aimait pas les moustaches, et, apercevait-il le moindre poil au menton du détenu, il s'écriait : « Vous allez couper ça, ou vous ne sortirez pas. — Comment !... — C'est mon idée. — Mais la commission militaire a prononcé ! — Bah ! » Quelques-uns refusèrent d'accéder à cette fantaisie, il les fit impitoyablement retenir. D'autres citoyens se virent gardés pour des motifs tout aussi dignes. Ainsi, un père de famille fut réintégré dans la prison après la conversation suivante avec le même préfet : « Vous faisiez partie du cercle de tel café, en 1848 ? — Non monsieur ; je n'allais presque jamais au café. — Alors, vous faisiez de la propagande dans votre boutique ? — Non, j'y faisais mon état. — Vous êtes trop innocent ; qu'on reconduise cet homme à sa chambrée. »

Le hasard voulut que M. Charnailles trouvât à qui parler. Un commerçant d'un chef-lieu de canton avait pour commanditaire un riche réactionnaire auquel sa ruine eût fait perdre beaucoup d'argent. Il était donc sûr d'être relâché. Le préfet, après deux ou trois impertinences, lui *reprocha*, comme à beaucoup d'autres, d'avoir été conseiller municipal dans sa commune! « Mais ce n'est pas défendu, il me » semble. — Vous êtes trop bavard. » — Je vous réponds. » Le proconsul avait envie de se venger; mais le bailleur de fonds réactionnaire ne voulait pas attendre longtemps les intérêts de son argent. La décision favorable au commerçant fut maintenue. Nous n'avons rapporté ce dernier fait, du reste, que pour montrer quelle étroite alliance les royalistes avaient formée, en province, avec les sauvages qui abattaient toutes les libertés du pays.

Voici, maintenant, une note du 29 mars : « M. Prud'hon, *ex-sous-commissaire* du gouvernement provisoire à Bar-sur-Aube, et M. Aristide Cottier, tous deux détenus politiques, ont été mis en liberté ; *ils ont reçu des passeports, avec l'injonction de quitter le territoire français dans les neuf jours.* » MM. Prud'hon et Cottier, détenus politiques mis en liberté, ont reçu des passe-ports ! Cela signifie tout simplement : la justice, impuissante à trouver aucune charge contre MM. Prud'hon et Cottier, les a mis en liberté, mais les restaurateurs de l'autorité, qui s'inquiètent fort peu des décisions de la justice, même de celle qu'ils ont faite à leur image, ont condamné *administrativement* à l'exil ceux que les tribunaux avaient déclarés innocents.

Autre exemple plus significatif. Le département du Calvados était un pays politiquement fort calme. Le 2 décembre même n'avait pas eu la puissance d'y troubler l'ordre. Malgré cela, lors des élections du mois de mars pour ce qu'on voulut appeler alors Corps législatif, les candidats de la trahison n'avaient obtenu que 75,000 voix ; il y avait eu 65,000 abstentions ! Les Décembriseurs, fort irrités, apprirent que plusieurs citoyens de Caen s'étaient permis d'adresser aux principaux électeurs républicains de toutes les communes, de mille à douze cents lettres écrites à la main, contenant ce seul avis : « Le parti a résolu de s'abstenir. »

On reconnut pour écrivains de quelques
unes des lettres, deux des plus honorables habitants de Caen, les citoyens
Mézaise et Josse. Le préfet, M. Pierre
Leroy, les fit arrêter sous la prévention « de manœuvres électorales frau-
duleuses, » et, cela va sans dire, de
société secrète. Après quatre jours de
secret et trois semaines de détention
préventive, la justice, saisie de cette
affaire, déclare qu'elle ne trouve pas
trace de société secrète, et que les
inculpés en écrivant ont usé d'un droit.
Elle prononce en conséquence leur
mise en liberté. Mais point; ils sont retenus en prison *par ordre de M. le préfet,*
qui, au bout de trois semaines, leur
fait dire par le commissaire central
qu'ils aient à quitter la France, en leur
donnant quarante-huit heures pour
déguerpir !

Si invraisemblables, si impossibles
à croire que ces choses puissent être,
il n'en faut pas douter ; nous n'avons
point seulement les déclarations des
bannis de préfecture pour nous autoriser à dénoncer de pareils excès au

monde civilisé ; ils sont avoués par les coupables en personne, et l'on va voir dans quel style.

« M. de Maupas, dit l'*Indépendance*
» *belge* du 16 janvier, se cramponne à
» sa mission avec l'ardeur et le dévoue-
» ment qui sont le propre de son carac-
» tère. Il s'occupe sans relâche de
» purger Paris des repris de justice,
» galériens, agitateurs de profession,
» démagogues à la tâche et à la jour-
» née. Il délivre, en un mot, la grande
» capitale de tous les forbans qui la
» déshonorent depuis trente ans, et
» contre lesquels l'action administra-
» tive avait été jusqu'ici impuissante.
« Les conseils de guerre en exercice
» *avaient relâché beaucoup de ces suspects,*
» quoiqu'ils fussent *prévenus* d'avoir
» contribué aux *insurrections* partielles
» des 3, 4 et 5 décembre dernier ; *les*
» *témoignages avaient manqué pour qu'on*
» *les condamnât à la transportation ;*
» mais M. de Maupas *a fait bluter de*
» *nouveau tous leurs antécédents,* et a dé-
» couvert parmi eux grand nombre

» d'individus de la pire espèce; ils
» quitteront Paris *sinon comme insurgés,*
» *du moins comme pirates.* La disparition
» radicale de ces dangereuses et vaga-
» bondes existences purifiera les ate-
» liers, les fabriques, les faubourgs,
» les barrières, auxquels elles commu-
» niquaient leurs pestilences. Cet as-
» sainissement sera *un des grands faits*
» de notre époque. Donnons d'autres
» climats et d'autres milieux à ces mi-
» sérables, sortons-les de la lèpre où
» ils pourrissent. »

C'est ainsi que M. Maublanc, que
l'on avait laissé chez lui sans l'inquié-
ter une minute, sans la moindre visite
domiciliaire, sans la moindre vexation
qui pût lui servir d'avertissement, fut
invité purement et simplement un jour
à venir prendre à la Préfecture de
police un passe-port pour l'Angleterre.
Et il fallait partir, sinon, nous le répétons encore, les féroces maîtres de la
France vous envoyaient quelques pré-
toriens dressés par les Feray, et qui,
forts de « la consigne » vous écrasaient
à la moindre résistance.

Chaque voyage du Président-Obus, donnait lieu à une foule de nouvelles arrestations arbitraires. Nous lisons dans le *Courrier du Gard*, Nîmes, 4 octobre :

« Hier et avant-hier, *quelques arres-*
» *tations* ont été faites dans notre ville.
» *Un certain nombre* de personnes, pla-
» cées sous la surveillance de la police
» pour s'être signalées, avant l'acte
» *sauveur* du 2 décembre, *par leur exal-*
» *tation politique,* ont été l'objet de
» cette mesure, *toute de prévoyance.*
» Nous croyons savoir que leur rela-
» xation aura lieu *aussitôt après le départ*
» *du Prince.* »

A Moulins, à Clamecy, à Lyon, à Saint-Étienne, à Bordeaux, partout il en a été de même. Un des correspondants de l'*Indépendance belge* disait, le 9 octobre : « Les journaux confir-
» ment aujourd'hui toutes les mesures
» de rigueur ou de précaution prises
» dans les départements. Il paraît que
» lors du passage du *Prince*, soixante
» dix-sept personnes avaient été arrê-
« tées à Lyon. »

On lit dans le *Journal des Débats* du 19 septembre : « Nous avons dit qu'à » Bourges, un cri séditieux avait été » poussé par un individu qui avait été » immédiatement arrêté. La *Patrie* » prétend qu'aucun cri séditieux n'a » été proféré ; seulement, un individu » aurait été arrêté, pour s'être permis » de repousser avec sa canne le » cheval de M. le duc de Mortemart en » laissant échapper quelques paroles » inconvenantes, qui n'avaient aucun » sens politique. »

Il y eut aussi de nombreuses arrestations à Paris, le jour de la fameuse rentrée solennelle où l'on comptait se faire porter aux Tuileries par l'enthousiasme des décembraillards, si la population avait été moins froide. La *Patrie* du 25 novembre nous apprend, entre autres résultats de cette brillante journée, que « la sixième chambre de police correctionnelle, présidée par M. Lepelletier-d'Aulnay, a condamné le *sieur* Selles, *ancien conseiller à la Cour d'appel* de la Martinique, et le sieur Coqueray, *directeur de la Société*

d'assurance de Versailles, le premier à
un, le second à *six* mois de prison. » Ils
étaient coupables d'avoir résisté aux
agents de la force publique, qui voulaient les obliger à saluer le *Prince*.

Le *Mémorial bordelais* avait envoyé à
Agen un de ses rédacteurs, M. Boudin,
pour raconter les prodiges de la récep-
tion faite au Président. Les gendarmes
avisent M. Boudin; ils flairent un
étranger; ils lui demandent son passe-
port. M. Boudin répond qu'il n'en a
pas.—«Point de passe-port! en prison.»
M. Boudin s'indigne; il déclare sa
qualité d'ami de l'ordre, son titre d'é-
crivain bonapartiste : *Civis Romanus
sum!* Les gendarmes répliquent que
tous les démagogues en peuvent dire
autant. A grand'peine accordent-ils à
M. Boudin la permission qu'il sollicite
d'écrire au préfet. « Cependant, ajoute
» le *Mémorial bordelais*, M. le brigadier,
» sans attendre la réponse de M. le
» préfet, et *sans égard pour l'autorité*
» *supérieure qui avait été prévenue du fait*,
» avait mandé la police. Celle-ci sur-
» vint, appréhenda notre collabo-

» rateur, et le mena, au milieu de *six*
» ou *huit* gendarmes, *et par des rues*
» *populeuses*, comme *un voleur ou un*
» *assassin*, au bureau de police. Un
» commissaire l'accueillit *avec ces pro-*
» *cédés que les fonctionnaires, qui ont la*
» *conscience de leur mission, n'emploient*
» *pas même envers les malfaiteurs*, et
» donna ordre de le mener *au cachot.*
» C'est là que l'attendait une dernière
» et ignoble humiliation. M. Antonin
» Boudin *fut fouillé des pieds à la tête,*
» comme l'on fait à un *voleur; on le dé-*
» *pouilla de son argent et de sa montre*, et
» on le jeta dans un cachot où gisaient
» sur la paille deux ou trois individus. »
N'eût été le préfet qui accourut sur
l'appel de cet ami véritable, M. Antonin Boudin en aurait bien eu pour
cinq, six ou huit jours de cachot. Le
geôlier serait ensuite venu lui dire un
matin : « Allez-vous-en. » et il n'en
aurait été ni plus ni moins.

C'est à ce régime que la France s'était
laissé mettre ! C'est ce régime-là que
l'armée soutint bien forcément de
ses baïonnettes ! Voilà à quoi se trou-

vait exposé tout galant homme qui
n'avait pas un habit brodé, quand il
repoussait le cheval de *Monsieur le duc
de Mortemart*, tout citoyen qui n'aimait
pas saluer les traîtres ; voilà bien
aussi ce qui vous attendait lorsque
vous veniez sans passe-port dans une
ville où, prétendent les dépêches télégraphiques, les flots de la population
du département se précipitaient sur
les pas « du sauveur de l'ordre et du
restaurateur de l'autorité. »

CHAPITRE VII

LA TRANSPORTATION

Les décembriseurs n'ont pas seulement emprisonné, casematé, interné, proscrit les bons citoyens dont le courage, la moralité et le patriotisme leur faisaient peur; ils en ont transporté beaucoup en Algérie et même à Cayenne. Il n'est que trop vrai, les preuves ne manquent pas.

Pourquoi cette aggravation de peine infligée à certains d'entre nous? Il est assez difficile de s'en rendre compte. Il y a eu là des vengeances particulières, mais aussi beaucoup de caprice.

Les condamnations à la déportation, comme celles au bannissement, étaient prononcées sur pièces, au jugé des dénonciations contenues dans le dossier. On paraît s'être attaché à transporter surtout les soldats de la Constitution en décembre; mais ce ne fut point une règle constante. Beaucoup de nos frères furent envoyés en Algérie, qui n'avaient pas eu occasion de prendre les armes. En général, on peut dire que les déportés étaient les hommes dont l'énergie avait semblé plus particulièrement redoutable. Il y a eu parmi eux un nombre considérable de rédacteurs des journaux républicains des départements. En province, nous ne sommes pas sans regret d'avoir à le constater, les orléanistes, les légitimistes et des prêtres, devenus les éclaireurs des commissions mixtes, ont souvent contribué à la transportation des « anarchistes » qui faisaient la guerre la plus vive à la réaction. Si les trois camps monarchistes s'étaient divisés sur la question de livrée, ils restaient parfaitement unis contre tout ce qui était démocratie. Les hommes de la branche aînée et de la branche cadette des Bourbons ont trop rarement manqué aux stipendiés de la branche bâtarde des Bonaparte, pour désigner « les démagogues les plus dangereux. »

Les trois figurants de l'intermède de

la clémence ont mis une certaine affectation à le certifier. M. Espinasse s'en est venu dire tout crûment qu'il avait puisé ses renseignements « soit dans » la gendarmerie, soit dans la *munici-* » *palité,* soit dans le *clergé.* » « Nous avons, » dit-il à son complice, en associant les municipaux du nouveau régime, les gendarmes et les prêtres à son œuvre de miséricorde, « *nous* » avons tenu compte des demandes de » grâce, des preuves écrites de repentir, et pourtant, *sur près de* 4,000 » *condamnations,* je n'ai pu prononcer » en votre nom que 100 *commutations de* » *peine,* et 200 *grâces entières.* »

M. Canrobert, qui parle moins gros que M. Espinasse, confesse cependant, avec une certaine façon de sacristie, qu'il a consulté « les autorités » *ecclésiastiques,* ainsi que *bon nombre de* » *gens de bien;* » seulement, pour ne pas compromettre ses alliés, il ajoute que les gens de bien sont « en dehors des affaires. » Personne ne doutera que le général à robe courte n'ait consulté les personnages de la réac-

tion, précisément parce qu'il le nie.
D'aussi honnêtes conférences ne pouvaient avoir un résultat fort doux ;
elles n'ont pas « amené de grâces ou
» de diminutions de peine tout en
» semble, pour plus de 727 condamnés
» sur 4,072, dont M. Canrobert a reli
» gieusement étudié les dossiers. »
Encore, dit-il à son maître, « tous
» sont loin d'être innocents, et pour
» obtenir ce chiffre *élevé*, sans décou
» rager les autorités, *sans effrayer les*
» *populations*, j'ai eu besoin d'*insister*
» *souvent* sur la force de votre gouver
» nement. » Oh ! les modérés ! que les
voilà bien ! 700 condamnations de républicains remises ou simplement *commuées* sur 4,000 les *effrayaient*; ils n'en
auraient voulu laisser ravir aucun à
leurs purifiantes rancunes !

M. Quentin Bauchart, lui-même, a
dit dans son rapport : « L'opinion de
» tous les départements était mani
» festement à la clémence, je n'ai vu
» d'hésitation *que parmi les hommes con*
» *nus pour appartenir aux anciens partis.* »
Quels sont les hommes « des anciens

partis » qui ne voulaient pas de clémence pour les démocrates, sinon les monarchistes de la branche aînée et de la branche cadette ?

Ces vengeances locales, qui ont laissé au cœur des victimes de profondes blessures, seront une grande honte attachée au nom des royalistes. Un de leurs écrivains continue à nous appeler, dans l'*Union*, « le parti du crime, » le sien est toujours celui des bourreaux.

Cependant, dans cette récrimination à laquelle nous force l'évidence, nous ne confondons pas, nous sommes très-loin de confondre tous les royalistes et tous les prêtres. Il y a parmi eux, et notamment dans ce qu'on appelle le bas clergé, nombre d'hommes honorables et bons. Pour notre compte, nous ne saurions l'oublier, nous avons été sauvé par des prêtres de grandes lumières et d'un courage, d'une élévation d'âme sans pareils ; d'autres ont vu des royalistes s'exposer à tout pour les mettre à l'abri. Mais, malheureusement, il faut bien le dire, ces actes

de générosité furent individuels, et, en
masse, le clergé et particulièrement
les réactionnaires, se sont toujours et
partout coalisés avec les bonapartistes, avant, pendant et après Décembre ! En province, peu contents de
s'être faits les volontaires de l'attentat
présidentiel, ils se sont associés à
toutes les iniquités des proscriptions.
Nous lisons encore dans le manuscrit
du citoyen Champgobert : « Quelques
» détenus arrêtés après les autres
» racontaient à leurs compagnons de
» captivité que les réactionnaires de
» Moulins s'étaient chargés d'office de
» faire des battues pour arrêter les
» démocrates. Ils s'étaient rendus dans
» les campagnes où se trouvaient leurs
» propriétés, et là, armés jusqu'aux
» dents, aidés de leurs domestiques et
» de leurs fermiers intimidés, ils cou-
» raient sus aux républicains. Lors
» de notre départ pour la transpor-
» tation, quoique ce fût à six heures
» du matin, nous vîmes ces honnêtes
» gens aux fenêtres d'un cercle réac-
» tionnaire devant lequel les voitures

» devaient passer. Ces messieurs
» avaient quitté leurs couches aristo-
» cratiques, et s'étaient installés là de
» grand matin, pour jouir de la vue de
» leurs ennemis vaincus. Leurs visages
» témoignaient une joie inconve-
» nante. » Nos ennemis, nous prêtant
toujours des sentiments que nous
repoussons, disent qu'il faut « tout
craindre de nos vengeances », si la
faction des intrus monarchiques était
renversée. Ce qui sert le plus à en-
tretenir leurs mauvaises passions,
n'est-ce pas la conscience de tout le mal
qu'ils ont méchamment fait aux républicains (1) ?

---

(1) Voyons comment était traitée une
colonne de prisonniers destinés à la transportation, et bien entendu sans qu'aucun
jugement eût été prononcé.

Le 9 janvier, à neuf heures du soir, au
moment où on s'y attendait le moins, les
cris : « Faites vos paquets! Préparez-vous
à partir ! » retentirent. On réunit ensuite

Personne, que nous sachions, ne connaît le nombre exact des transportés. Les pirates n'ont pas dit ce qu'ils volaient d'hommes à la terre de France. Pendant le seul mois de mars,

---

les prisonniers avec de formidables précautions militaires dans une seule casemate, où le cliquetis des armes, le piaffement des chevaux, et tout le bruit de grands préparatifs militaires parvenaient jusqu'à eux. Plus de deux mille hommes, agents de police, sergents de ville, soldats de la ligne, chasseurs de Vincennes, cavaliers se disposaient à escorter quatre cent vingt prisonniers.

Combien de cœurs se serrèrent en pensant à la mortelle douleur qu'éprouveraient le lendemain les parents, les amis qui ne les retrouveraient plus. Nos grands défenseurs de la famille, qui emmenaient ces hommes en exil, pour une séparation selon eux éternelle, les privaient même de la douleureuse consolation des derniers adieux !

Enfin, à minuit, on procéda à une espèce

on n'a pas, comme on va le voir, enlevé moins de 2,338 citoyens !

« Un nouveau convoi de transportés est arrivé le 4 mars à Alger, à bord de

---

d'appel dérisoire. Les napoléoniens avaient quelquefois la cruauté facétieuse. Ils ne se refusaient pas, même dans de pareils moments, d'aimables plaisanteries. Lors du convoi du 24 mars, le citoyen Frond, lieutenant aux sapeurs-pompiers de Paris, qui faisait partie des transportés, entendit le greffier dire, après avoir appelé Moineau père : Moineau fils. — Eh bien ! où sont-ils donc ? Se sont-ils envolés ? — Le premier, qui répondit : présent, était un vieillard de soixante-huit ans !

Après l'appel, nos amis sortirent par couples que l'on attachait à mesure avec des menottes d'abord, puis quand elles manquèrent, avec des cordes ! Ceux qui n'avaient pas assez d'empire sur eux-mêmes pour contenir leur indignation en se voyant lier ainsi comme des malfaiteurs étaient plus brutalement traités encore

la frégate *le Labrador*. Ils étaient au nombre de 298. Ils ont été internés dans le camp de Birkadem comme les 133 venus par le premier convoi. Ces transportés appartiennent aux dépar-

---

que les autres. C'est ce qui arriva au citoyen J. Lejeune, instituteur. Une exclamation de colère lui valut d'être serré si fort que, huit jours après, il avait encore le bras tout meurtri... Etonnez-vous donc qu'il y ait eu une certaine exaltation parmi les victimes de tant de barbaries !

Cette opération terminée, on fit, comme d'ordinaire, charger les armes sous les yeux des vaincus, en les prévenant que la moindre tentative individuelle de désordre ou d'évasion compromettrait tout le monde, parce qu'elle serait réprimée à coups de fusil.

Les prisonniers passèrent alors au centre de leur formidable escorte, et commencèrent en silence, à travers champs, la route de l'exil, sans savoir où ils étaient conduits. Au moment du départ, ils aperçurent, dans la première cour, cinq jeunes

tements du Var, de l'Hérault et des Basses-Alpes. » (*La Patrie.*)

« La frégate à vapeur *le Christophe-Colomb* est sortie du port du Havre

---

hommes, *chargés de chaînes !* « On les avait
» amenés de Chartres, dit M. Magen, pour
» les joindre à nous. L'un d'eux, à qui l'on
» ne donna pas le temps de se chausser,
» était parti *avec un pied nu.* Maury est
» son nom. En quittant sa prison, il laissa
» tomber sa casquette contenant vingt-huit
» sous, toute sa fortune. Les gendarmes
» l'empêchèrent de la ramasser ! Son
» compagnon de chaîne était un jeune
» négociant, Erasme Mercier. Le 5 dé-
» cembre, Mercier venait de Paris, et se
» rendait chez lui, dans la Mayenne, où
» sa fiancée l'attendait. Son mariage devait
» se conclure le lendemain. Dans un wagon
» du chemin de fer, il blâmait l'acte du 2
» décembre en présence de M. Boivin,
» conseiller général de Dourdan (Seine-et-
» Oise). On arrive à Maintenon. Aussitôt
» M. Boivin dénonce Mercier aux gen-
» darmes, qui le conduisirent dans les

hier, 11 mars, à midi, emportant 477 transportés destinés pour l'Algérie. » (*Journal de Rouen*, 12 mars.)

« Le 18 mars, la frégate à vapeur *le Mogador*, venant de Brest, et l'aviso à

» prisons de Chartres. » Encore un de ces bandits auxquels les coquins voulaient imprimer « une terreur salutaire! »

Que le lecteur ne l'oublie pas, en effet, afin que sa haine pour le bonapartisme en devienne plus grande encore. Plus de la moitié, certainement, de cette masse d'hommes envoyés à Cayenne, — car c'est à *Cayenne* qu'on les menait alors, — plus de la moitié, certainement, n'avaient à expier que d'être républicains sous la République ou de détester le parjure. On n'avait pas même à leur imputer, à titre de crime, d'avoir pris part, d'une manière directe ou indirecte, à la résistance. Ainsi, parmi eux, se trouvaient presque tous les hommes arrêtés le matin du 2 décembre en même temps que les représentants du peuple. Comment inventer quoi que ce soit qui pût les faire accuser d'avoir contribué

vapeur *le Grondeur*, venant de Cette,
ont mouillé dans le port d'Alger. Le
premier de ces bâtiments avait à bord
323 déportés : le second, 211 déportés. » (*La Nation.*)

---

aux événements ! Leur transportation
n'était donc qu'un abus criant de force
brutale.

Ce fut sur Paris que l'on se dirigea. On
y entra par le pont d'Austerlitz. On traversa la place de la Bastille, et l'on des-
cendit les boulevards. Il fallut bien se
persuader que c'était au Havre, à Cayenne,
que l'on allait. Quelques personnes passèrent devant leur demeure ; leurs yeux s'y
attachaient avec amour. Plus n'était besoin
de leur commander de marcher en silence ;
les tristes réflexions qui les occupaient,
l'émotion qui les étouffait, leur tenait la
bouche fermée. C'était la nuit du 9 au 10,
à l'époque du carnaval ; le sombre cortége
entendit la musique de bruyants orches-
tres.

A deux heures et demie du matin, les
prisonniers atteignaient, harassés de fa-

« Un convoi spécial de 300 individus destinés à la déportation est arrivé ce matin. Ils ont été embarqués sur le vapeur *le Berthollet*. Ces individus appartiennent en partie au département

---

tigue, le chemin de fer du Havre. L'acte de piraterie se consommait !

Cette marche avait été, pour les hommes malades ou délicats, aussi douloureuse physiquement que moralement. Malgré leur état de faiblesse, les sergents de ville les pressaient de suivre le pas de course, avec tant de rudesse que plusieurs, mal accoutumés d'ailleurs à l'usage des sabots, les perdirent, et durent faire le reste de la route *pieds nus* !

« Je ne puis oublier le côté le plus
» odieux, le plus lâche, du forfait conçu
» par M. Bonaparte ! Çà et là, dit M. Magen,
» dans nos rangs, marchaient, fatigués par
» la rapidité du pas, de pauvres enfants
» qui n'avaient point atteint leur douzième
» année; nous les avions vus dans les
» casemates. C'était une lâcheté féroce que
» de mêler à nos souffrances d'aussi frêles

de la Nièvre. » (*Courrier du Havre,*
20 mars.)

« 276 individus, condamnés à la
déportation en Algérie par la commis-

» créatures. Mais nous ne pouvions soup-
» çonner que l'inhumanité, la barbarie
» s'emportassent à des limites aussi ex-
» trêmes. Ces enfants étaient plus chétifs
» qu'on ne l'est à leur âge ; il semblait
» vraiment qu'on les eût choisis à cause de
» leur chétivité, pour faire mieux ressortir
» l'infamie d'une pareille action. Ces chers
» petits avaient refusé de mentir, de se
» corrompre par la délation, et l'on se
» vengeait de leur probité naïve en les
» ravissant à leurs mères désolées. »

A la gare du chemin de fer, les condamnés
sans jugement trouvèrent soixante républicains venus la nuit même d'Orléans, et
destinés comme eux à Cayenne.

On les fit monter tous immédiatement
dans des wagons dont les coins étaient
occupés par des gendarmes mobiles, et à
trois heures du matin le convoi partait.

sion mixte du département des Pyrénées-Orientales, ont été embarqués le 13 mars, à bord de *l'Asmodée*, frégate à vapeur de l'État. Parmi les condamnés, on en remarquait quelques-uns,

---

Beaucoup de prisonniers, après une si longue marche accélérée, souffraient de la faim, de la soif surtout. Les ordres les plus absolus étaient donnés pour qu'on ne leur laissât *rien* prendre sur la route. Malgré cela, les gendarmes furent les premiers à offrir leur portion de pain et leur gourde remplie de vin ou d'eau-de-vie !

Chose qui affermit davantage encore la conviction où l'on doit être que tout le mal venait de quelques supérieurs. Ces soldats si cruels quand ils étaient en corps, quand ils s'excitaient les uns les autres, redevenaient tout à coup des hommes, dès qu'ils étaient isolés, et loin des yeux de certains de leurs chefs.

Arrivés au Havre à midi, les transportés eurent à cheminer de la gare au quai d'embarquement, entre une double haie de soldats. Les honnêtes gens avaient répandu le bruit et informé officiellement

dit-on, qui paraissaient en proie au plus vif chagrin, et versaient d'abondantes larmes, en se rappelant sans doute les malheureux qu'ils laissaient, *par leur faute*, dans la misère et le

---

les autorités qu'une première bande de forçats et de repris de justice destinés à Cayenne, allaient être embarqués ! C'était, en vérité, pousser loin la lâcheté. Quel gouvernement ! Jamais on ne vit des maîtres plus peureux, jamais on ne vit des méchants plus effrayés du mal qu'ils fesaient.

La population, tenue par la troupe à une grande distance, ne tarda pas cependant à voir qu'on la trompait et regarda défiler, d'un air consterné, la procession de Français procrits au dix-neuvième siècle, pour opinion.

Au milieu de ces hommes, si dangereux qu'il fallait les envoyer à Cayenne sans prendre même la peine de les juger, on en portait plusieurs sur des brancards...

A chaque convoi qu'ils enlevèrent d'Ivry, les transporteurs allaient prendre les malades jusqu'à l'infirmerie, sans même

désespoir. » (*Moniteur* du 22 mars 1852.)

« Hier, la corvette à vapeur *l'Éclaireur* prenait le large, emportant sur les rives d'Afrique 215 condamnés à

---

consulter le médecin. Celui-ci, le docteur Reynasse, montra, en ces déplorables circonstances, un dévouement à ses malades, une fermeté, une élévation de caractère, auxquels nous devons rendre d'autant plus hommage que le docteur ne paraissait point obéir à des sympathies politiques. Le dimanche 7 mars (les transporteurs, malgré leur profonde dévotion et les ordonnances Morny, travaillèrent toujours le dimanche), lors de l'un de ces départs, on veut enlever de leurs lits MM. Gazard, ancien préfet de l'Allier, et Napias ; ils se défendent, ils refusent de s'habiller, et déclarent qu'ils ne sortiront pas sans l'avis du médecin auquel ils appartiennent. Le docteur Reynassé accourt au bruit et les maintient sur leurs grabats ; mais il s'aperçoit en même temps que plusieurs de ces lits sont déjà vides ; il descend, il parle au nom de ses droits de médecin, au nom de l'humanité, et parla déportation. » (*Messager du Midi*, 24 mars.)

« *Le Grondeur* est parti pour Alger le 26 mars, emportant en Algérie les

---

vient, grâce à cette noble énergie, à arracher quelques patients de la colonne de départ; entre autres les citoyens Panchaud, Mousset et Legrand (de Bar-sur-Aube). Ce dernier, qui avait une fièvre typhoïde, serait certainement mort en route. Il habita longtemps Londres, où il m'affirma, avec M. Napias, l'atroce barbarie des décembriseurs et la belle conduite du médecin. Tout cela se faisait avec tant de violence que les bagages de ceux que le docteur Reynasse parvint à réintégrer dans l'infirmerie furent conduits en Afrique; on avait refusé de les décharger !

Lors du premier convoi dont nous nous occupons en ce moment, on avait vidé l'infirmerie; les malades, absolument incapables de se mouvoir, avaient suivi en fourgon. Plusieurs, en arrivant au chemin de fer, étaient exténués; lorsqu'ils par-

62 prisonniers arrivés de l'Étang, et 43 autres prisonniers qui étaient détenus à Montpellier. » (*La Nation*.)

« Il nous est arrivé ce matin 23 pri-

---

vinrent au Havre, leur faiblesse était encore plus grande que la veille. L'un d'eux tomba sur la place...

Pour compléter ce lugubre tableau, voici enfin un abrégé des souffrances que les malheureux prisonniers eurent à endurer sur les pontons.

Le 10 janvier, quatre cent quatre-vingts transportés étaient embarqués à bord du *Canada*, frégate à vapeur.

Les pontons anglais! ces mots avaient représenté jusqu'alors les traitements les plus cruels que l'on eût jamais infligés à une masse d'hommes. Eh bien! les prisonniers de l'Empire, sur les pontons anglais, eurent moins à souffrir que les vaincus du 2 décembre à bord de la frégate française le *Canada* ou du vaisseau *le Duguesclin*, horribles bagnes flottants.

sonniers. A deux heures, le bateau-poste du canal du Midi en a débarqué 50 autres. Enfin, à quatre heures, 182 prisonniers sont arrivés par la route de Pézénas. Des voitures particulières

---

Cinquante hommes eussent été mal à l'aise dans la batterie où ils se trouvaient cent quatre-vingts ! « Une comparaison » peut vous peindre notre situation, » nous disait l'un d'eux, « nous étions les uns sur » les autres, comme les veaux dans ces » barbares charrettes où on les mène à » l'abattoir. » Ceux-là, encore, étaient les moins mal partagés, car il leur arrivait quelques rayons de lumière douteuse à travers les lentilles des sabords. — Il était défendu d'ouvrir ces sabords, mais l'impérieux besoin de respirer faisait braver toutes les défenses. On guettait les lames et, aux moments favorables, on ouvrait ; ceux qui parvenaient à approcher de ces précieuses ouvertures éprouvaient une sorte de jouissance sensuelle à humer quelques gorgées d'air. Par compensation, les habitants de la batterie avaient cruellement à souffrir de l'odeur et de la brû-

et publiques, des charrettes, les portaient. Cependant ces moyens de transport étant insuffisants, 25 prisonniers
ont dû faire la route à pied. Ces derniers
étaient à plaindre, car *la pluie n'a pas*

---

lante chaleur de la machine, près de laquelle ils se trouvaient logés.

Quatre-vingts autres proscrits étaient
serrés, en deux groupes de quarante, dans
deux petits trous du gaillard d'avant, où
ils ne recevaient d'air et de lumière que
par une lucarne d'un pied carré. On était
souvent obligé d'ouvrir leurs portes pour
qu'ils pussent respirer !

La situation des deux cent quarante autres, répartis par moitié dans chacune des
loges du faux pont, était, de toutes, la
plus intolérable. Notre ancien collabora-
teur à la *Réforme*, J. Cahaigne, l'a décrite
en ces termes :

« A bord du *Canada*, nous étions *enfermés*
» au nombre de cent quarante, dans un
» espace de quatorze mètres de long sur
» quatre mètres cinquante centimètres de
» large et environ un mètre quatre-vingts

cessé de tomber par torrents toute la journée. Tous ces hommes ont été embarqués à bord du *Requin*, qui a pris immédiatement le large, se dirigeant sur Bone. » (*La Nation*, 25 avril.)

« centimètres de hauteur, ce qui donne
» un cube de cent treize mètres quarante
» centimètres d'air ambiant, et ici nous ne
» tenons pas compte de l'espace occupé
» par les corps humains. Or, il faut à cha-
» que homme quatorze mètres cubes pour
» vivre, soit mille quatre cent cinquante-
» six mètres cubes pour cent quatre hom-
» mes ; nous avions cent treize mètres,
» c'est-à-dire un peu plus d'un mètre
» cube par tête, encore cet air était-il pro-
» fondément vicié. Il nous manquait donc
» mille trois cent cinquante-trois mètres
» cubes d'air, selon les lois de l'hygiène.
» Telle était notre situation à tribord ar-
» rière ; les autres étaient dans de pareil-
» les conditions, excepté ceux qui, placés
» dans la batterie, pouvaient ouvrir les
» sabords.

» Il ne nous était pas possible d'en faire

« Un convoi de 218 condamnés à la déportation a été extrait cette nuit de Bicêtre, et dirigé sur le Havre, pour y être embarqué sur *le Magellan*, en destination de Bone. *Dix femmes* ont été

» autant des hublots. Les vagues qui lon-
» geaient la frégate nous auraient noyés
» dans notre trou. De temps en temps, on
» nous donnait la *manche à vent*, véritable
» bienfait alors. C'est un énorme sac pa-
» reil à celui d'une trémie, mais bien
» plus long, et fixé au milieu du mât par
» un triangle en toile, présentant ensuite
» la bouche du tube à l'air, qui s'y engouf-
» fre et parvient ainsi jusqu'au fond du
» navire. Nous bénissions cette bienheu-
» reuse manche à vent quand nous la
» voyions s'allonger à l'arrière. Mais il
» fallait que le capitaine songeât aussi à
» nos compagnons aussi malheureux que
» nous. C'était donc pendant six heures
» seulement, sur vingt-quatre, qu'il nous
» était permis de jouir du bienfaisant
» tube ; le reste du temps, nous *hale-*
» *tions !* »

jointes à ce convoi. » (*Indépendance belge,* 24 juin.)

En résumant tous ces voyages, on a :

4 mars. .   298 déport. par *le Labrador.*

                             Antérieurement au

4 mars. .	133 par	*le Labrador.*
12 mars. .	477 par	*le Christophe-Colomb*
13 mars. .	276 par	*l'Asmodée.*
18 mars. .	323 par	*le Mogador.*
— mars. .	211 par	*le Grondeur.*
20 mars. .	300 par	*le Berthollet.*
24 mars. .	215 par	*l'Éclaireur.*
26 mars. .	105 par	*le Grondeur.*

Total. . 2,338

Nous trouvons de plus dans nos notes un convoi de 255 patriotes enle-

---

Cependant, le peu d'air que les bonapartistes accordaient à leurs victimes était encore vicié par les émanations d'un grand baquet placé au centre de chaque loge et destiné à tout le monde...

vés le 25 avril par *le Requin*, et un autre de 218 embarqués le 24 juin sur *le Magellan*.

Le *Moniteur* même, postérieurement à ce que nous venons de rapporter

---

Pendant les huit jours que les transportés furent à bord du *Canada*, du 10 au 18, ils restèrent dans cette atmosphère corrompue et malsaine. Quatre fois seulement, on les fit monter pendant quelques minutes sur le pont pour respirer un peu d'air extérieur !...

Ils étaient plongés dans une obscurité à peu près complète, autre genre de torture pour ceux, très-nombreux, qui avaient des habitudes de travail intellectuel, et qui auraient pu demander à la lecture et à l'étude un oubli momentané du présent. La nuit, cette privation absolue de lumière, avait en outre des inconvénients matériels très-pénibles. Lorsque quelqu'un voulait se rendre au baquet, c'était un long et périlleux voyage qui présentait des difficultés sérieuses. Sur ce plancher jonché de corps étendus, il n'y avait pas

(1er mai), a déclaré que le gouvernement des factieux se réservait d'autres
exécutions : « Pendant le cours, dit-il,
» de la mission qu'il vient d'accom-
» plir dans les départements du Midi,

---

un pouce de terrain inoccupé. Les couver-
tures, suspendues au plafond en manière
de hamac, descendaient très-bas ; il fallait
donc se traîner comme à quatre pattes, ram-
per ; et encore, en tâtonnant dans l'ombre,
ne parvenait-on pas toujours à éviter d'ap-
puyer trop fort sur un bras, une jambe
dont le maître, réveillé, impatienté, vous
maudissait et vous repoussait sur un voisin par quelque mouvement brusque et
involontaire. Plusieurs fois, les citoyens
Deville, Abazaer et Vasbenter firent des
instances, au nom de la communauté de la
batterie, pour obtenir un fallot qui indi-
querait au moins la position des choses.
En fermant ce fallot à clé, aucun danger
d'incendie n'était à craindre, et cependant
on ne put l'obtenir.

Les nuits surtout étaient affreuses ; elles
duraient au moins quatorze heures. Pour

» M. Quentin Bauchart a eu à exami-
» ner les affaires de 3,030 détenus. Il
» a prononcé 1,377 mises en liberté, et
» il a accordé 1,047 commutations de
» peine à des individus expulsés, éloi-

---

toute literie, on avait distribué à chaque homme une couverture de cheval ! Si, du moins, ils avaient pu s'en envelopper et s'étendre sur le plancher ! Mais, impossible ! il n'y avait pas place pour tous. La première nuit, dans la batterie, on se ramassa, on se serra autant que possible, au risque de s'étouffer ; on s'étala les uns sur les autres, on s'engrena les jambes les unes dans les autres, mais cela ne suffisait pas pour permettre à tout le monde de se coucher !

Les transportés étaient considérés à bord comme *prisonniers de guerre*, et cependant leur nourriture était celle des *forçats*. Ainsi l'avait ordonné le gouvernement des factieux, et ses ordres étaient rigoureusement suivis. La nourriture que ces prisonniers de guerre allaient chercher eux-mêmes était donc celle-ci : ex-

» gnés ou internés, ce qui constitue
» un total de 2,424 grâces. Ceux des
» détenus qui ne sont pas compris
» dans ces deux dernières catégories
» seront *transportés.* » Il reste là encore,

---

cepté le dimanche et le jeudi, où il y avait
de la soupe grasse et de la viande, le matin, quelques morceaux de biscuit véreux
(jamais de pain), avec une détestable li-
queur noirâtre décorée du nom de café. A
midi, une seconde distribution de biscuits
en débris et un baquet (on appelle cela
un plat), un baquet de bouillon maigre
tenant en suspension des légumes secs, le
plus souvent des espèces de pois durs
comme des balles, gros comme le bout du
doigt et presque tous pleins de charançons. C'était même un avantage qu'il y eût
des vers, car ceux-là seuls qui étaient
troués se trouvaient à peu près humectés
de l'eau qui avait pu passer par les ouvertures, les autres restaient littéralement
crus et durs comme du gravier.

Le plat, puisque plat il y a, se présentait sous cet aspect : une mare d'eau sale ;

par conséquent, 606 républicains au moins destinés à l'Algérie pour le compte de M. Quentin Bauchart. Joignez-les aux 2,811 du résumé précédent, et vous arrivez au chiffre de

---

à la surface, quelques gouttes d'huile à odeur détestable, mêlées de vers morts; au fond, les lourds légumes incapables de surnager. On s'accroupissait dix autour de ce festin, *avec une seule cuillère qui faisait la ronde.* Il y avait même des plats qui n'avaient pas cette cuillère et dont les convives étaient forcés de puiser avec leurs doigts dans la gamelle commune! Et cependant on mangeait; tant la faim est une impérieuse et souveraine puissance. Le premier jour même, comme les prisonniers n'avaient rien pris depuis vingt-deux heures, ils avalèrent jusqu'à la dernière goutte de l'affreux mélange. Dès le lendemain, la plupart se contentaient de tremper légèrement leur biscuit dans le liquide pour l'amollir un peu, et plus de la moitié du plat était jeté aux poissons. Le soir, second plat pareil, mais sans biscuit.

TROIS MILLE QUATRE CENT DIX - SEPT chefs de familles arrachés à leurs enfants, à leur patrie, à leurs moyens de vivre. On porte généralement le nombre des transportés à 7,000 ou

---

Impossible de se rien procurer, même pour de l'argent. La tempête força de relâcher quatre jours à Cherbourg, du 11 au 15. Le commandant du *Canada*, comme s'il eût craint que l'abominable manière dont les prisonniers étaient nourris ne parvînt à la connaissance de la ville, ne voulut autoriser aucun achat. Et cependant, on avait supprimé la petite ration de vin (onze centilitres) que nos amis avaient eue pendant la marche. On les traitait bien, sous ce rapport, en ennemis. Les règlements de notre marine ne comportent pas de vin en rade pour les prisonniers de guerre. L'officier du détail avait cru pouvoir enfreindre la règle, il avait fait la distribution de vin le jour même de l'embarquement ; mais une dépêche télégraphique de M. Ducos, occupant le ministère de la marine, avait immédiatement blâmé une telle largesse. Ajoutons, pour finir

8,000. C'est très-probable ; mais en se bornant même à ce qu'on sait de la manière la plus authentique, la plus incontestable, on voit qu'il s'élève au moins à 3,417. *Trois mille quatre cent*

---

avec ce misérable détail, que les onze centilitres accordés en mer ne formaient que la moitié de ce qui était dû ; la ration réglementaire étant de vingt-trois centilitres.

Il faut dire ici comment les patriotes pouvaient boire l'eau qu'on voulait bien ne pas leur refuser. Attachés aux murailles de la frégate et hermétiquement fermés, les charniers ou caisses à eau se trouvaient munis, comme quelques fontaines publiques en Orient, de petits siphons qu'on était obligé de *téter !* Impossible de boire autrement, impossible de recueillir de l'eau dans un vase quelconque, impossible de se laver, à moins de sucer aux tétoirs communs quelques gorgées d'eau et de se les répandre de la bouche sur les mains,

Ces moyens de boire, déjà par eux-

dix-sept citoyens condamnés SANS JUGE-
MENT, au dur régime militaire des colonies pénitentiaires de l'Algérie, à la
douloureuse peine de l'exil, augmentée
des travaux forcés !

---

mêmes d'une grossièreté repoussante, devenaient un nouveau supplice pour les
hommes auxquels le mal de mer ou toute
autre maladie enlevait la force de se re-
muer. Comment faire pour donner de l'eau
à ces malheureux ? Voici à quoi la nécessité les réduisait, voici ce qu'une soif
poussée jusqu'au délire leur faisait supporter. « ...Après avoir pris de l'eau dans
» la bouche, on la versait dans un gobelet.
» Quatre ou cinq gorgées étant ainsi réu-
» nies, la route était reprise en rampant
» jusqu'à ceux dont le mal de mer anéan-
» tissait les forces. De la sorte, il nous fut
» permis d'humecter de temps à autre la
» gorge brûlante de nos compagnons d'in-
» fortune. Quand on n'avait pas de gobe-
» let, il fallait prendre de l'eau dans sa
» bouche et la reverser, comme font les
» pigeons pour leurs petits, dans la bou-
» che du malheureux dévoré de soif. »

Les hommes de Décembre ont donné cet exemple, unique dans l'histoire des guerres civiles, de vainqueurs ne pouvant se contenter de proscrire les vaincus, et se plaisant à les supplicier !

(*Une voix de proscrit*, par Cahaigne, page 74.)

M. Magen a enduré personnellement ces étranges supplices. « Un fait, » dit-il, « prouvera jusqu'à quel point certains pri-
» sonniers souffraient. Lasserre, ex-insti-
» tuteur, gisait auprès de moi. Tous les
» deux anéantis, sans force, sans voix,
» nous ne pouvions faire un mouvement.
» La soif nous dévorait. Nous fûmes con-
» traints d'adresser à un de nos camarades
» la prière de se traîner vers le tétoir, d'y
» puiser quelques gouttes d'eau, *et de nous*
» *les apporter dans sa bouche !* »

Hélas ! nous croira-t-on, heureux étaient encore ceux qui avaient ces répugnants tétoirs à leur disposition ! Dans la batterie, on ne possédait même pas une telle ressource. Pour se laver, les prisonniers étaient obligés de puiser par surprise un peu d'eau à

Les transportés, pour le plus grand nombre, furent appliqués, bon gré mal gré, aux travaux d'enceintes de nouveaux villages ou des routes. Ils

---

la mer en ouvrant un sabord. Pour boire, les chefs de *plat*, c'est-à-dire les commissionnaires de chaque groupe de dix, allaient, aux heures des repas, chercher une certaine quantité d'eau potable dans des bidons. Hors de là, et surtout la nuit, impossible de s'en procurer une goutte, une seule goutte, que ces hommes, abattus par une chaleur suffocante, eussent payée bien cher, fallût-il aller l'aspirer aux mamelons d'un charnier.

La tempête devait ajouter encore à tant de causes de douleur. Au moment du départ, la mer était si mauvaise, que plusieurs bâtiments marchands prêts à mettre à la voile ne voulurent pas sortir. Le commandant avait des ordres impérieux ; il lança le *Canada* à pleine vapeur hors des passes.

A dix heures du soir, on était en vue de Cherbourg ; à deux heures du matin, on

étaient là, « placés sous la surveil-
» lance d'hommes dits *sergents surveil-*
» *lants*, accoutumés à conduire les
» ateliers de boulet, les pénitenciers,

---

approchait de Brest, lorsque le vent souf-
fla avec tant de violence, qu'il fallut virer
de bord et se réfugier à Cherbourg où l'on
entra le lendemain, 11 décembre, à la
pointe du jour. Là, les proscrits apprirent
qu'ils allaient à Brest, et, grâce à deux
gendarmes qui bravèrent l'impitoyable
consigne, ils purent écrire à leurs parents, à leurs amis, et dire ce qu'ils
étaient devenus.

Après quatre jours de relâche, le temps
paraissant refait, on reprit la mer le mercredi 14, à dix heures du matin ; mais
bientôt une tempête plus terrible que la
première vint assaillir le *Canada*. Elle du-
ra du mercredi soir jusqu'au vendredi
matin sans ébranler la résolution du
commandant, qui persistait à l'affron-
ter. Les lames, comme animées d'une colère furieuse contre tant d'audace, venaient assaillir la vieille frégate, s'élan-

» et ne sachant plus commander qu'a-
» vec arrogance. » (*Note* de M. le lieutenant Frond, échappé de l'Algérie.)
Près de 400 de nos frères dirigés par

çaient sur le pont, brisaient et ravageaient
tout ce qui se trouvait sur leur passage.
Le peu de toile qu'on avait dehors fut mis
en lambeaux. Un mât fracassé tomba sur
le tambour d'une roue de la machine ;
quelques cordages se prirent dans la
roue ; il fallut les couper à coups de ha-
che, mais non pas sans avoir fait des ava-
ries qui demandèrent deux mortelles heures de réparation. Le navire ne gouver-
nant plus, on mit à la cape. Il fut porté
par l'ouragan déchaîné des côtes d'Angleterre aux côtes de France. Une petite voie
d'eau se déclara ; les embarcations de sau-
vetage furent préparées...

Pendant cette redoutable tempête, les
prisonniers, dont le plus grand nombre
voyaient la mer pour la première fois,
passèrent par une série de souffrances in-
descriptibles. Baignés de sueur, haletants,
dévorés d'une soif ardente, en proie pour
la plupart aux accablantes souffrances du

ces hommes endurcis ont été longtemps occupés à la route de Guelma à Bone. Ceux qui se refusaient nettement au travail et à l'obéissance étaient envoyés à Cayenne !

---

mal de mer, plusieurs avaient perdu connaissance et se heurtaient les uns contre les autres, comme des corps inertes subissant une impulsion mécanique. Ils avaient eu soin d'attacher solidement l'horrible baquet, de façon qu'il ne pût se renverser ; mais, dans les soubresauts du navire, le contenu s'en répandit, mêlé aux effets du mal de mer sur le plancher où les malheureux roulaient çà et là.

L'homme a besoin de voir, fût-ce pour mourir. Au milieu de la seconde nuit, le choc des vagues, le roulis, le manque absolu d'air, les gaz méphitiques que l'on respirait, la crainte d'être engloutis, exaspérèrent les prisonniers et leur rendirent insupportable le supplice des ténèbres. Ceux d'entre eux qui conservaient quelque force brisèrent les portes et réclamèrent de la lumière avec fureur. Les flots menaçaient d'une mort trop imminente

Ce qui rendra les modernes barbares haïssables par dessus tout, c'est qu'ils ne frappèrent pas seulement la résistance ouverte et même la foi politique;

---

pour qu'on ne se sentît pas facilement disposé à braver les balles. Le commandant céda, malgré toute l'énergie de son caractère; il redouta sans doute de joindre les soucis d'une révolte à ceux que lui causait la tempête. Les gendarmes, d'ailleurs, exténués, accablés comme les prisonniers par le mal de mer, étaient hors d'état d'obéir à des ordres de rigueur.

Un fallot fut apporté. A sa lueur incertaine, quel tableau se présenta! La disposition sauvage et fantastique de la prison, les façons de hamacs suspendus à des hauteurs inégales, rudement secoués et prenant dans leurs chocs mille formes bizarres; le plancher ruisselant d'immondices, où se débattait un entassement de corps humains aux membres meurtris, aux visages livides! On aurait dit un immense chargement de pestiférés!

Les captifs du *Canada* attendaient la

ils sévirent également contre des vertus que l'humanité a toujours honorées et bénies, il y eut pour eux un crime qui s'appela : « recel de fugitifs. »

---

mort ; elle ne vint pas. La tempête s'apaisa peu à peu et permit de remettre le cap sur Brest. On s'empressa d'ouvrir les écoutilles pour donner un peu d'air aux prisonniers. Ce fut insuffisant ; les cachots étaient devenus de tels cloaques, qu'on dut à toute force faire monter leurs habitants sur le pont pour procéder, pendant près d'une heure, à un lavage général avec des désinfectants.

Lorsqu'ils parurent au jour, hâves, meurtris, chancelants, épuisés de fatigue et de douleur, la barbe longue, les habits tout dégoûtants de souillures, nos infortunés amis ressemblaient à des spectres échappés de l'enfer. A peine cependant les laissa-t-on respirer une heure et demie ! Ils furent obligés de redescendre.

Heureusement, cette fois, on marcha, et le samedi 17, à quatre heures de l'après-midi, on entrait à Brest.

« Dans le Puy-de-Dôme, le lieutenant Despiar et le procureur de la république Monteil cherchaient dans tous les recoins de la montagne le loyal et

Si nos frères eurent à se plaindre des impitoyables rigueurs du capitaine, ils trouvèrent, en revanche, dans l'équipage du *Canada*, une consolante et constante sympathie. Leurs rapports avaient été, durant la première demi-journée très-difficiles. A l'équipage également, on avait dit que ses hôtes futurs étaient des repris de justice : aussi le moindre individu gradé avait-il à la ceinture une paire de pistolets chargés. Mais un matelot parisien reconnut tout à coup un de ses amis au milieu des brigands : tout s'expliqua et changea de face. Les matelots prodiguèrent aux prisonniers les soulagements à leur disposition ; ils allèrent jusqu'à se priver de leur nourriture pour la passer à ceux qui en avaient besoin.

Mais, qu'on ne l'oublie pas, ces souffrances qui exténuèrent les prisonniers en huit jours, nos malheureux amis étaient destinés, dans la pensée des Ely-

courageux docteur Lachamp, de Thiers.
M. Lachamp était condamné à Cayenne.
Pendant trois jours, à la tête de cinq
cents paysans armés de faulx et de

---

séens, à les subir pendant une traversée
de trente à quarante jours !...

Le lendemain de l'entrée du *Canada* à
Brest, c'est-à-dire le dimanche matin, 18
janvier, s'effectua le transbordement sur
le *Duguesclin*.

Nos amis défilèrent devant quatre pièces de canon pointées et deux équipa-
ges armés de sabres d'abordage, de pistolets et de fusils. A chaque extrémité de
la batterie basse où ils descendirent, on
avait construit des espèces de corps de
garde en planches garnies de plaques de
fer de trois à quatre lignes d'épaisseur.
Ces murailles étaient percées de trous,
par lesquels les gendarmes pouvaient
voir tout ce qui se passait et braquer
leurs carabines au moindre signe d'agita-
tion. Outre cela, quatre caronades à l'arrière et deux à l'avant étaient prêtes à
vomir la mort.

lances forgées à la hâte, il avait, à Thiers même, tenu en échec troupes et police. Après avoir erré deux mois entiers dans les glaces et les neiges,

---

On ne manqua jamais de prendre, contre les transportés, les précautions les plus formidables. Les huit ou dix fois qu'on leur permit de monter sur le pont pour respirer, ils virent toujours, établies sur la dunette, les quatre caronades avec les artilleurs aux pièces, sans compter un poste d'infanterie de marine.

À bord du *Canada*, toute la literie donnée à des prisonniers politiques, consistait en une couverture de cheval ; à bord du *Duguesclin*, elle se composait d'une mauvaise couverture avec un hamac sans draps ni matelas ! Comment se déshabiller ? « Pour mon compte, nous a dit le ci-
» toyen Cahaigne, je suis resté plus de
» quarante jours sans quitter une seule
» fois mes habits ! Au bout de vingt jours,
» je fus obligé d'ôter ma chaussure ; mes
» pieds enflés et endoloris ne pouvaient
» plus la supporter ! »

il s'était caché, épuisé de lassitude, et perclus de rhumatismes, chez un pauvre aubergiste du village. « Vous aurez deux cents francs, disait le lieutenant

---

La nourriture de ces hommes, déjà épuisés par la semaine passée au fond de l'enfer du *Canada*, fut encore, à Brest et toujours, celle du bagne ? non, plus repoussante que celle du bagne.

Le lendemain de l'embarquement sur le *Duguesclin*, une commission des proscrits présenta au commandant, des biscuits de mer qu'on venait de leur distribuer ; ces biscuits, embarqués *exprès*, et destinés à la nourriture des prisonniers politiques pendant toute une traversée de trente à quarante jours, portaient le millésime de 1846 ; ils étaient criblés de charançons et de vers. Le commandant mande auprès de lui le capitaine en second, chargé du détail, et à ses observations, celui-ci fait cette réponse, que M. Magen a recueillie : « J'exécute les » prescriptions du ministre ; il veut que » je donne aux détenus *la nourriture ava-* » *riée des forçats.* »

Despiar à un vieux maréchal ferrant, si vous indiquez sa retraite. » « Vous n'êtes pas assez riche, répondit le vieillard, ni vous, ni personne, pour ache-

---

Ces officiers durent cependant prendre sur eux de remplacer le biscuit, vraiment impossible à manger. Ils firent fabriquer du pain pour les habitants de la batterie, mais ce pain contenait les trois quarts de son. Il était très-malpropre, et d'un goût détestable.

La nourriture du *Duguesclin* fut, en réalité, telle que l'avait voulue M. Ducos. Elle consistait en légumes secs, haricots ou pois *véreux*, alternés avec de la morue *gâtée !* Deux fois par semaine seulement, on distribuait viande et soupe grasse. « C'était bien mauvais, nous a dit un brave ouvrier, mais nous avions si faim ! Au moins, ce jour-là, nous pouvions manger... » Ceux qui nous lisent pourront lire aussi dans l'*Indépendance belge* du 3 juillet : « Le président emmène avec lui à Saint- » Cloud un service de cuisine qui ne » compte pas moins de vingt-quatre per-

ter ma conscience. » — L'exécrable
question, toujours accompagnée de
l'ignoble tentation de l'argent, fut
adressée à tous les assistants, et tous

» sonnes. Je tiens le fait du boucher même
» qui fournit la maison présidentielle, et
» qui m'assurait, ce matin, que sa fourni-
» ture de viande, pour le jour où Louis-
» Napoléon est arrivé, s'était élevée à six
» cent cinquante livres. »

A bord du *Duguesclin*, destiné à un
voyage de quarante jours, les transportés
n'eurent pas même, au début, comme sur
le *Canada*, une cuillère pour dix hommes!
Mais bientôt les dames de Brest, ayant
appris cet excès de misère, et n'écoutant
que leur cœur, ne craignirent pas d'ouvrir une souscription, avec le produit de
laquelle un grand nombre d'objets de première nécessité put être envoyé aux mal-
heureuses victimes.

Par un excès de sévérité inexplicable,
et comme si l'on avait pris plaisir à multiplier les souffrances, les sabords de la batterie du *Duguesclin* étaient hermétique-

y répondirent avec la même indignation flétrissante. En désespoir de cause,
le procureur Monteil, avisant une mendiante, formula lui-même la proposi-

---

ment fermés; les déportés ne recevaient
d'air que par un hublot carré de six pou-
ces. Cette privation d'air, cette détention
prolongée dans un espace étroit, insuffisant, constamment mouillé par les eaux
de savon, qui répandaient une odeur pes-
tilentielle, la mauvaise nourriture, les
angoisses de l'incertitude, Cayenne toujours en perspective, tant de souffrances
morales et physiques eurent des consé-
quences fatales pour la santé déjà déla-
brée des proscrits. Une sorte d'épidémie
affreuse (témoignage trop certain que
nous n'exagérons rien) se déclara parmi
eux. Ils furent couverts de poux énormes,
qui les dévoraient, et la gale vint les assaillir. La vermine se logeait dans les
plaies et les envenimait.

Ce ne fut qu'après plusieurs cas
graves constatés, que le commandant se
crut autorisé à faire ouvrir deux sabords

tion, et lui cria : « Dis-nous où est ce
scélérat ? — La mendiante lui répondit :
« Il n'y a de scélérats que vous et ceux
qui vous ressemblent. Je crois en Dieu,

---

de temps en temps, et à laisser monter
ses prisonniers sur le pont deux ou trois
fois par semaine. Il était trop tard : le
mal avait acquis une extension considérable. L'infirmerie du bord fut bientôt
encombrée. Eh bien ! que l'on écoute ceci ;
celui qui parle est un témoin oculaire ; il
peut dire : J'étais là.

« Les médecins du bord exigèrent qu'on
» distribuât aux plus malades une ra-
» tion de vin. Le commandant écrivit
» au ministre qu'il était urgent d'étendre
» à tous cette distribution. Le ministre
» répondit *par la défense absolue de donner*
» *du vin aux malades eux-mêmes. Il refusa*
» *d'ordonnancer celui qu'on avait distribué*
» *sans son ordre.* »

La barbarie napoléonienne était dévote.
Les jésuites décembriseurs, qui refusaient
un peu de vin à tant de braves gens sur
le grabat, leur offrirent la messe. M. Du-

et je vais le prier pour qu'il bénisse
M. Lachamp et tous les hommes hon-
nêtes qui aiment les malheureux. »
On la laissa, car elle était protégée par

---

cos, qui ne leur donnait pas de pain, leur
proposa des hosties ! Quels sacrilèges !
Inutile de dire que ce nouveau genre de
provocation ne rencontra que le mépris.

Il y eut bientôt, sur le *Duguesclin*, plus
de *deux cents* personnes atteintes du pru-
rigo, démangeaison intense, irrésistible de
la peau, résultant d'un sang appauvri
et vicié. Le commandant, effrayé, demanda encore des ordres à Paris. Ils
arrivèrent cette fois moins impitoyables.
On permit le transport à l'hôpital mari-
time de Brest pour les plus dangereusement infectés. Le 20 février, trente
d'entre eux occupaient les lits de la salle
des *consignés*, près de laquelle un factionnaire veillait jour et nuit !

La science est venue, dans ce lieu de
misère, ajouter son irrécusable témoignage aux plaintes qui s'élevèrent du *Canada* et du *Duguesclin* pour traduire les

son extrême vieillesse ; mais on arrêta l'aubergiste pour ce crime de dévouement et d'hospitalité, et il fut envoyé à *Lambessa*. » (Xavier Durrieu. *Le Coup d'État*, page 121.)

---

bourreaux napoléoniens au tribunal de l'humanité.

« En consultant le tableau de clinique, dit M. Magen, nous trouvons, en grand nombre, les pleuro-pneumonies, les rhumatismes articulaires, les emphysèmes pulmonaires. Ce tableau porte de terribles accusations contre nos décimateurs. J'ai pu me procurer un bulletin de service qui dénonce formellement l'insuffisance et la mauvaise qualité de la nourriture comme étant une des causes des maladies qui nous envahissaient.

» Je le transcris ici :

« *Service de santé*.

» Le sieur X...

» Observation sur l'invasion de la mala-
» die, etc : Catharre pulmonaire, donnant

La France en était revenue au régime des lettres de cachet, à la mort politique du bas empire. Le bonapartisme disposait de la liberté des ci-

---

» lieu à des symptômes plus graves depuis
» qu'il est à bord du *Duguesclin*, vivant
» *dans un milieu humide et froid, et soumis à*
» *un régime alimentaire insuffisant.*

> » *Le chirurgien,* LAUVERGNE. »

» Cet aveu est d'autant plus important qu'il émane d'un chirurgien peu favorable aux détenus. »

C'est une chose qui empêche de désespérer de l'humanité et qui ranime la foi prête à chanceler en face du vice et du crime triomphants, que les secours donnés aux persécutés et bravant les persécuteurs. Nos amis trouvèrent aussi sur le *Duguesclin*, comme sur le *Canada*, une douce consolation dans la constante bienveillance des matelots. Ces hommes droits et sincères ne cessèrent de leur prodiguer les marques de la plus vive sympathie. Ils se chargeaient de faire passer leurs

toyens à sa fantaisie, et le peuple allait
aux feux d'artifice, comme autrefois
les Byzantins aux courses de chars.
Il y avait même des conseils généraux

---

lettres, de leur procurer tout ce qu'ils
pouvaient pour alléger leur misérable
sort, et plus d'un paya de huit jours de
fers quelque acte de dévouement et de
bonté pour les captifs. Partout les équi-
pages ont montré la même bienveillance.
M. Champgobert, condamné de mars, dit
avec effusion que les marins du *Berthollet*
les traitaient *en frères*. Entre les matelots
et les républicains, il y a désormais des
liens fraternels qui ne s'oublieront pas.

Le 11 février, de nouveaux ordres arrivent. Les desseins de transportation générale à Cayenne étaient enfin abandonnés.
Quelques détenus furent mis capricieuse-
ment en liberté, les autres divisés en
trois catégories : expulsés, internés, transportés en Algérie et à Cayenne !

Le départ des expulsés et des internés
s'effectua avec des lenteurs inexplicables.
Ce ne fut que le 6 mars que les derniers
quittèrent le *Duguesclin*.

et municipaux qui, profondément convaincus que la fin suprême de tout bon gouvernement est de garantir la sécurité de chaque membre du corps social

---

Le 11 mars, la catégorie des transportés en Algérie montait sur le *Mogador*, qui partait le 12. Le courage ne manqua pas à ces généreux proscrits, et leur dernier adieu à la France fut la *Marseillaise !*

L'expérience du mal produit par la mauvaise nourriture et l'encombrement ne changea rien aux cruelles dispositions des terroristes. Les derniers transportés n'eurent pas moins à souffrir que les premiers. Nous n'en trouvons que trop de preuves dans le manuscrit sur la *Terreur de 1851 dans l'Allier*, que le citoyen Champgobert a bien voulu nous communiquer :

« Le dîner arrive enfin ; et comme le
» transbordement avait fait supprimer le
» déjeuner, on se dispose à y faire honneur.
» Triste déception ! Un sordide baquet
» qu'on nous envoie ne contient que des
» haricots mal cuits nageant dans de l'eau
» chaude malpropre. Le pain est noir et

contre la violence, supplièrent le prince Louis-Napoléon de vouloir bien se faire empereur, et M. Persigny maire du palais. Ils étaient touchés

---

» aqueux; il ne peut même s'imbiber de
» cette eau qui baigne les haricots : Ah !
» s'écrie un paysan berrichon en voyant
» cette soupe repoussante, not' couchon
» n'en voudrait point. — Le matin, un
» morceau de pain noir; à midi et à six
» heures, cet horrible baquet de haricots;
» deux fois par semaine, une des soupes
» remplacée par de la vieille morue, et le
» dimanche par du bœuf : telle fut notre
» nourriture pendant tout notre séjour à
» bord du *Duguesclin*.
» Nous nous trouvâmes bientôt plus de
» *six cents* dans la batterie. On a peine à
» se figurer, même quand on l'a vue et
» qu'on en est échappé, toute l'horreur de
» cette vie de promiscuité au milieu d'un
» pareil entassement humain. L'atmos-
» phère est toujours chaude, brûlante,
» chargée de vapeurs délétères; on ne
» respire pas, on étouffe. Les prisonniers,
» en se livrant aux soins de propreté, ré-

des heureuses façons qu'avaient ces messieurs « d'assurer le triomphe des vrais principes de gouvernement. »

L'abandon des droits les plus sacrés

» pendent de l'eau qui va séjourner et
» croupir sous les caisses à eau ; le par-
» quet est humide et gras, car les cuille-
» rées de la soupe, que l'on mange à ge-
» noux en cercle autour du baquet, per-
» dent toujours quelques gouttes avant
» d'arriver à la bouche. Pour assainir le
» local, on permet l'ouverture de deux
» sabords, mais pendant quelques heures
» seulement. On ne nous accorde cepen-
» dant que deux heures de promenade à
» partager, une heure pour chaque moitié
» du groupe ; mais le temps de la montée
» et de la descente est pris sur les deux
» heures, ce qui ne nous laisse pas plus
» de quarante minutes d'air pur par jour.
» Et cependant, l'air de notre prison est
» tellement vicié, que les gendarmes de
» garde en haut de l'escalier se plaignent
» d'être suffoqués par les miasmes qui s'é-
» lèvent. Je ne sais vraiment lequel était
» le plus long, du jour ou de la nuit, dans

appelle le joug le plus abject; après le
2 décembre, l'empire, c'était de la lo-
gique pure.

» cet enfer. Tout le monde souffre de
» maux de gorge, de toux, de douleurs de
» tête et d'estomac; les soins des méde-
» cins sont impuissants, car la cause du
» mal est permanente et plus forte. Il
» faudrait envoyer au moins le quart des
» hommes à l'hôpital; mais c'est là une
» *faveur* que cinq ou six seulement des
» plus dangereusement atteints peuvent
» obtenir. »

Tel est le régime auquel furent soumis
les innocents destinés à la transportation,
depuis le premier convoi jusqu'au dernier.

CHAPITRE VIII

CAYENNE

Les « cinq ou six mille coquins », comme disait M. Lastérye, ont poussé leur barbarie par delà les colonies pénitentiaires africaines. Ils ont réalisé ce projet de M. Morny, que l'on croyait être le rêve impossible de la cruauté : ils ont mêlé à Cayenne des républicains aux galériens qu'ils tiraient du bagne ! Ce qu'a fait le roi Bomba, ce qui, dans les révélations de M. Gladstone, a le plus ému l'Europe, le Président-Obus l'a imité : il a confondu ensemble des hommes politiques et des repris de justice.

On lit dans le *Courrier du Havre* du 20 avril : « Ce matin, est arrivé un » convoi de trois cents individus des-

» tinés à la transportation à Cayenne.
» Parmi eux se trouve le *nommé*
» Souesme, condamné à la déportation
» le 21 février, comme coupable d'ex-
» citation à la guerre civile, de meur-
» tre volontaire, avec préméditation,
» sur le brigadier de gendarmerie Le-
» meunier.

» Le convoi s'est trouvé augmenté
» de deux repris de justice de notre
» ville, qui avaient demandé avec ins-
» tance à l'autorité à être dirigés sur
» Cayenne. A onze heures, l'embar-
» quement était effectué, et le *Ber-*
» *thollet* quittait nos jetées, se rendant
» à Cayenne. »

M. Souesme, l'un des plus riches
propriétaires de son département (Loiret), en était aussi l'un des hommes les
plus courageux et les plus honorables.
Les décembriseurs ont bouleversé la
langue comme la morale. Avec eux,
les mots et les choses changeaient de
sens au gré de leurs détestables passions. « M. Souesme coupable de
» meurtre volontaire avec prémédita-

» tion sur le brigadier de gendarmerie
» Lemeunier ! » Cela veut dire que M.
Souesme et les siens s'étaient battus, le
2 décembre, contre la gendarmerie, et
que, dans cette lutte, le gendarme Lemeunier avait succombé. Les juges bonapartistes étaient gens à prendre le
pointeur du boulet de canon qui a tué
Turenne, et à le déclarer coupable de
meurtre volontaire avec préméditation sur la personne du maréchal !

Le *Journal de Lot-et-Garonne* (19 août)
nous apprend une autre condamnation
à Cayenne du même genre :

« Un convoi de condamnés est parti
» de la prison de la Roquette, à Paris,
» pour être directement dirigé sur le
» bagne de Brest. Dans ce convoi, se
» trouve Édouard Mallet, de Bonny,
» condamné, comme on sait, le 30 jan-
» vier dernier, par le premier conseil
» de guerre de la 1re division militaire,
» séant à Paris, à la peine de mort,
» pour avoir *commis un meurtre sur la*
» *personne du gendarme Denizot*, de la
» résidence de Bonny, et pour avoir

» pris part au *pillage de la caserne* de la
» gendarmerie de ce lieu.

» Le président ayant, par décision
» du 16 mars dernier, commué la peine
» prononcée contre Mallet en celle des
» travaux forcés à perpétuité, ce con-
» damné a été *revêtu du costume des ba-*
» *gnes,* et, après le *ferrement* préalable, a
» pris place le premier dans la voiture
» cellulaire. Mallet doit être prochai-
» nement dirigé sur Cayenne. »

Voilà donc un homme traité de
« meurtrier », revêtu du costume des
forçats, ferré comme un forçat, et envoyé au bagne de Brest avec des forçats, afin d'être transporté à Cayenne
en compagnie des forçats, parce qu'au
milieu d'un combat de guerre civile,
il a malheureusement tué un soldat
de l'armée des insurgés.

D'un autre côté, le *Moniteur* du 6 juillet contient un rapport dans lequel
M. Ducos donne à l'ex-président les
détails suivants :

« La frégate *la Forte* a été expédiée
» de Brest, emportant avec elle 399 dé-
» portés, savoir : 366 *forçats ou repris de*
» *justice* et 13 *condamnés politiques.*

» Trente-quatre jours après, la fré-
» gate *l'Erigone* a quitté le port de
» Brest avec 399 autres déportés, dont
» 255 *forçats ou repris de justice* et 144
» *condamnés politiques* ayant passé de-
» vant les conseils de guerre.

» Le vaisseau *le Duguesclin,* qui, de-
» puis six mois, a rendu de *si utiles ser-*
» *vices* comme *dépôt provisoire,* vient de
» recevoir l'ordre de prendre la mer
» avec 500 déportés. Ce quatrième
» convoi comprendra, dans *la même*
» *proportion* que les précédents, *des*
» *forçats, des repris de justice et des con-*
» *damnés par les conseils de guerre.* »

Ces extraits sont textuels ; nous les
copions, en maîtrisant notre indignation, pour qu'on voie bien avec quelle
impudeur les bonapartistes, dont plusieurs étaient des condamnés politi-

ques, ne firent aucune différence entre
les hommes politiques et les repris de
justice. On sait qu'ils ont aussi condamné des républicains à la réclusion,
peine infamante comme le bagne. En
effet, la *Constitution* de l'Yonne, journal *orléaniste*, disait encore, le 9 septembre : « Depuis plusieurs jours, des
» convois de détenus politiques tra-
» versent Auxerre, escortés jusqu'à
» cette ville par la gendarmerie de
» Nevers, chaque convoi se composant
» de six à dix détenus dirigés d'Auxerre
» sur Troyes, et de là *sur Clairvaux.*
» C'est dans la prison de cette ville
» que ces condamnés doivent subir
» leur peine. On a remarqué parmi
» eux plusieurs des principaux chefs
» de l'*insurrection* dans la Nièvre, entre
» autres le *fameux* Guerbet, Cuisinier
» fils, et Millelot. On estime à *quarante*
» environ le nombre des détenus qui
» doivent passer par Auxerre. »

Où est l'homme de cœur qui ne tres-
saillira pas à l'idée de ces rapproche-
ments dont la pensée seule nous
donne le vertige ?

M. Bonaparte préludait à Boulogne à ses assassinats de décembre ; il voulut alors tuer le capitaine Puygellier ; il tira sur lui *à bout portant.* La balle de M. Louis-Napoléon Bonaparte, a estropié un sergent placé derrière le capitaine. M. Bonaparte était donc bien un meurtrier politique, ou il n'y en eut jamais. Enfin, il y avait entre lui et MM. Souesme et Mallet la différence qui existe entre un rebelle attaquant les lois de son pays et des patriotes les défendant. Eh bien ! qu'aurait dit M. Bonaparte, qu'auraient dit les huit ou dix bonapartistes de ce temps-là, qu'aurait dit tout le monde, si on lui eût mis sur les épaules la casaque rouge des forçats, sur la tête le bonnet de laine rouge des forçats, au pied et à la ceinture la chaîne des forçats, et qu'on l'eût envoyé travailler au bagne avec les forçats ?

Ah ! oui, elles avaient raison les feuilles étrangères qui appelaient la haine et le mépris du monde entier sur ces actes d'une abominable fureur. Oui, ce sera une honte de plus attachée au parti des décembriseurs d'avoir confondu à Cayenne des condamnés républicains avec des assassins, des faussaires, des empoisonneurs, les rebuts les plus impurs de la société !

———

Nous voici au terme de l'œuvre douloureuse que nous nous sommes imposée.

Bien des fois, en montant ce Calvaire de la Démocratie sur les pentes duquel nous voyions couler le sang et l'honneur français, le cœur a failli nous manquer ; nous nous sommes senti écrasé par la honte comme l'ouvrier par le poids du jour ; nos yeux se mouillaient souvent de douleur et de rage, et il nous fallait reprendre haleine.

Mais nous avons retrouvé dans l'inspiration du devoir le courage et la force d'aller jusqu'au bout.

Et maintenant l'instruction est ter-

minée ; l'acte d'accusation est dressé ;
nous le soumettons à tous les esprits
honnêtes, à toutes les âmes fermes et
droites, qui puisent au tribunal de
l'équité les motifs de leur jugement.

FIN

TABLE DES MATIÈRES

FIN DE LA TABLE

Paris. — Imp. Dubuisson et Cᵉ; rue Coquéron, 5.